BuddhAll

BuddhAll.

All is Buddha.

BuddhAll

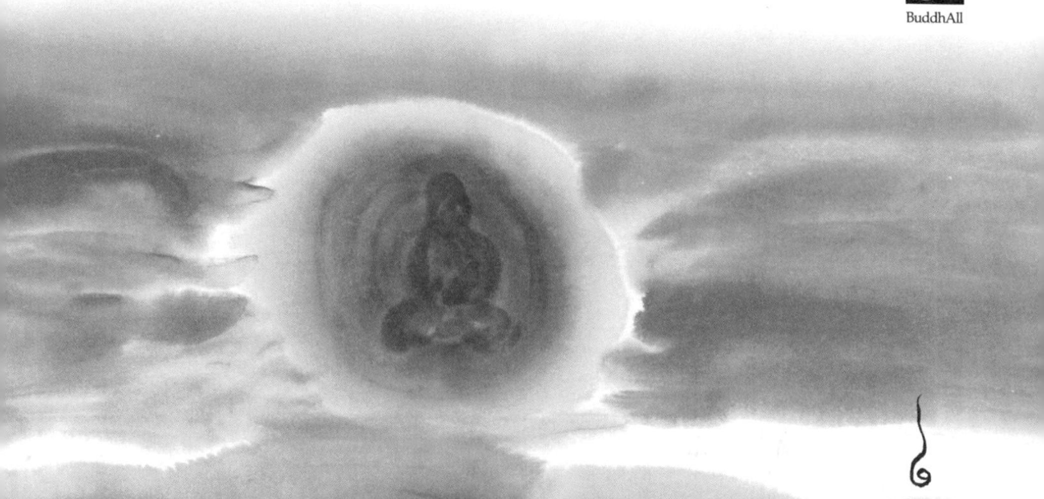

禪觀寶海

通明禪禪觀

迅速證得六種神通與三種明達智慧的方法

洪啟嵩 著

002

通明禪禪觀——迅速證得六種神通與三種明達智慧的方法

目錄

附錄

出版緣起

由於宿緣，我對佛法禪觀有著自然而深刻的欣悅。而自幼以來為了尋求超越生死、離苦得樂的法門，也相應的依止佛法禪觀為解脫的寶筏。

佛陀依禪出教，以其內證的大覺，開示了法界的究竟實相。而他所宣說的文字般若，都是讓我們能夠現觀成就的指示。但佛陀的大覺，是經由自證而得，我們如果不能依佛陀成就的次第而得圓滿，只是數著佛陀的珍寶，畢竟無益。而佛陀的觀照般若，是由至深的禪觀修證而來。因此，個人依隨因緣，不揣淺陋，乃在佛前發願，希望將禪觀法門次第開出，上令諸佛歡喜，下令眾生得利，所以陸續的闡揚一系列的禪觀修證法門。

從一九七八年開始，隨因隨緣的教授禪法時，就一直感覺未能將佛法禪觀做較完整的整理，雖然也陸續開講了禪定學，但多年來一直未能進一步將禪觀實修的次第作有系統的講授，總覺遺憾。直到一九九四年，忽然清晰的體悟，開講完整禪觀的因緣已至，因此決定一九九五年起，開始宣說「圓頓禪人五年高階禪觀修證課程」，當時原本預計在五年當中，每個月宣說一套完整的禪法，共計六十種禪觀三昧，每次兩天一夜的課程，講說與禪修並行；每次大約說法八小時、禪修六小時，共計十四小時，以期學人禪教一致，悟入實觀。到了一九九九年，高階禪觀的課程已連續講授五年，但是在講授的過程中，為求增補完備，因此直到二〇〇二年才講授圓滿。

從一九九五年至二〇〇二年，共計講授了近六十種三昧禪觀，包括了「根本禪法」、「大乘三昧」、「佛菩薩三昧」、「密教三摩地」及「佛果三昧」等五大類別，幾乎是總攝佛法中最重要的三昧禪觀。現在將這些已宣講過的禪觀，供養給諸佛、一切佛法行人，及對禪修有興趣的大德，希望能對佛法修證有所助益。有興趣大德也能依止本書來修持。

我的一生中，可說是以「海印三昧」及「金剛三昧」作為修行最根本的依止。從廿歲開始，大約是在我讀大學的時候，我在宿舍房裡就貼著一幅對聯：「海印三昧境，如來清淨禪」，橫批為「金剛喻定」（金剛三昧）。

而在觀行修證上，則是依「緣起大智度，行證瑜伽師」為準則，以《大智度論》及《瑜伽師地論》作為觀照行證的因緣。

二〇〇二年，當造完海印三昧及金剛喻定的偈頌法本，及至金剛三昧講授圓滿時，深深感覺一生中最重要的授法因緣已了。而高階禪觀偈頌總集《禪觀祕要》的出版，也是完成了我一生中最重要的行證因緣，此時心中充滿了歡喜清涼。

希望「禪觀寶海」系列的出版，能使佛陀禪法的光明，得到廣大的宣揚，使所有的修行者，乃至一切眾生，走向真修實證之道，如同佛陀一般得證圓滿的大覺！

通明禪禪觀——迅速證得六種神通與三種明達智慧的方法

序

通明禪與數息觀、十六特勝，都屬於以呼吸為標的修行法。此禪出自於《大方等大集經》，在《大集經》的卷二十二以下曾述及此一禪法，但未列名稱，在天台智者大師以前的北國禪師修得此禪，始名為「通明禪」。「通明禪」一稱，其義有二：一、謂修此禪定時，先通觀息、色、心三事，故稱「通」；此定明淨，開心眼，觀一達三，徹見無礙，故稱「明」。二、修此禪定可得神足境、天眼、天耳、他心、宿命、漏盡等六通，又得宿命、天眼、漏盡等三明，故稱「通明」。此中，第二義係因中說果而得名，即其餘禪法也能發六通三明，但不及此禪法利疾，所以唯有此禪稱為通明禪。

通明禪初始時主要是調練心、息、身三者，使之一如。

一般數息法是調身、調息、調心，不斷的一心數息，綿綿而數，數到最後入定，但是這與通明禪不同。通明禪首先要使身、心、息這三者達到「如相」，也就是「身如」、「息如」、「心如」，而最後達到「如心相」。如。

修習此禪法，須從初發心修禪，即觀息、色、心三事皆無分別，通體一如。

觀三事如，必先觀「息如」：即攝心靜坐，調和氣息，一心諦觀呼吸，觀想氣息遍身出入，如果慧心明利，即能察覺氣息，入無積聚，出無分散，來無所經由，去無所履涉。雖然明覺，息入出遍身，觀之如空中風，無有自性，即是觀息如心相。

次觀「色如」，行者既然已知息依於身，離身無息，即應諦觀身色如。這個色相本來沒有，都是無始以來妄想因緣串習所成，招感今世，地水火風四大，造諸色相，圍此虛空，假名為身。此時應一心諦觀身體之三十六物及四大之相，一一非身，亦非實有，了無自性；此時乃察覺無身色可得，即達色如之境。

再觀「心如」時當知：由於有心識的緣故，而有身色，此身來去動轉。如果無心，誰能了別色相？色相又因誰而生？因此仔細諦觀此心，發覺此心乃是藉因緣而有，所謂「有因有緣世間集，有因有緣世間滅」，生滅迅速，不見有住處相貌，但有假名，而假名亦空，即達心如。

接著觀察呼吸時，察覺息不可得，以其來去無常，了無自性，連色、心空寂，因為三法本不相離，色、心亦復如是。如息、色、心三事了不可得，即不得一切法。

色、息、心三者和合，能生五蘊、十二入、十八界一切諸法。使諸有情領受眾苦煩惱，產生善惡行業，往來六道輪迴，流轉不息。若能了知此三事本來無生，則一切諸法本來空寂；如此，則為修習如心之相。

修此禪法要動靜一如，在行、住、坐、臥之中，都能保持明淨。

另外，數息觀在未到地定時，心眼觀察不到我們的身心，在十六特勝的未到地定會看到我們的內臟三十六物，而在通明禪裡的未到地定不只看到裡面的內臟，連內臟組織皮的薄膜也會看得到。所以不只能看到心臟而已，心臟裡面的每一個組織，每一個瓣膜都可以看到。不只能看到我們的皮膚而已，連皮膚一層一層的膜都十分明晰。

剛開始我們會觀察到身體的內臟，感覺到十分不淨，在此能會通於「不淨觀」。再來更深刻一點，連裡面的蟲、細菌都看得到，甚至可以看到它們在體內的活動。修習到這種程度，有時候會聽到它們的語言，也懂得它們的含意，轉而通達一切眾生的語言，那時就可以跟動物講話了，之後整個身心會像瑠璃一樣，完全清淨。

在通明禪的修證中，有一般的行人，有修四聖諦的聲聞行者，會悟覺四聖諦，通達正道諦。有些是修緣覺的行者，能通達緣起。另有修習菩薩行者，通身會淨如瑠璃，毛孔現佛，得菩薩三昧。

所以，不同見地與發心的行者，修習此禪，所得到的證相亦不相同，這是修習此禪觀的人應當了知的。

凡例

一、本書附錄《釋禪波羅蜜次第法門》卷八原文，主要以《大正新脩大藏經》第四十六冊為底本，參酌上下文義及其他文獻，作為校勘。

二、為便利讀者閱讀，重新將《釋禪波羅蜜次第法門》加以現代新式標點斷句。

三、《釋禪波羅蜜次第法門》原字體係古刻版，為配合現代電腦排版字體，在不害字義之原則下，直接將其改為現代通行字，而不加校勘說明。轉換、統一用字如後所列：

裏—裡　逈—迴　徧—遍　踈—疏

覩—睹　麁—粗　澁—澀　痴—癡

第一章　總論通明禪

南無　本師釋迦牟尼佛

南無　通明禪法

南無　通明禪歷代傳承祖師菩薩

通明禪法出自《大集經》，是以慧觀為中心的禪法，原本它並沒有特定的名目，也沒有固定的名稱，通明禪法雖然和數息法相應，但是在內容上又有特別的不同，所以後來就別立「通明禪」之名。

傳說在《華嚴經》中有這個名目。在《六十華嚴經》卷四十八、五十五、五十八與五十九，都有這個名稱。智者大師認為在《大集經》中有所謂

「寶炬陀羅尼」，就是這個禪法。《請觀音經》中有觀心脈、數息者，也被認為是這個禪法的延續。通明禪的立名因緣是歷代傳授而來的，所以我們應當皈命修習通明禪的歷代行者。

一、修法前攝心導引

在講說通明禪法之前，大家先打坐攝心。之前學過通明禪的人就用通明禪攝心，如果沒有學過的人可用數息觀，一呼一吸算一個數字，「一——，二——，三——，四——，五——，六——，七——，八——，九——，十——」看著它出入，看著它進入，不必隨著它去，只要數著、看著就好。用隨息者就不用數數字，只要看著呼吸進入身體裡面，進——，出——，都是無常變化。

不管大家用什麼方法，我們先利用這段時間把心攝住。現在請大家上座，身心放鬆，選擇一個禪觀作為攝心的方便。

在經過靜坐攝心之後，我們現在開始講授通明禪禪觀。

現在起大家要隨受通明禪禪法。在思惟中，大家不要把通明禪當作一般的知識課程，我們不是為了讓大家知道有這個禪法而已，而是正式的傳法，現在我要將通明禪法交付給各位。其實這句話本身是沒什麼意義的，將通明禪當作是課程或是正式的傳法，又有什麼差別呢？在法性當中是平等無別的，甚至連通明禪都是假名。

但是為什麼要這樣告訴大家呢？這是緣起上的意義，讓大家心中種下通明禪的金剛種子。這樣的緣起意義，讓大家能隨順通明禪法，能受持通明禪法，也能得到通明禪的三寶——佛、法、歷代傳承祖師的加持，使我們的體性能夠和通明禪相應，如理受持，能夠迅疾得證通明禪。這一切雖是如幻的，但是在緣起方面卻具足廣大力量，所以我才如此宣說。

通明禪是一個很廣大的法門，希望大家心能如空，宛若虛空一般廣大不壞的寶瓶，像瑠璃一般，像金器、銀器般，能夠將通明禪的大海海水，完全受持。以下就來介紹通明禪。

二、聽聞通明禪法的大眾

通明禪法是為兩類人而宣說，第一是定慧均等的眾生，第二是悲智圓具的菩薩。首先是：「自有眾生定慧根性等，為說通明。」也就是說這一類眾生，定力和慧力是均等的，均等不二，不偏於定，也不偏於慧。如此定慧均等的眾生，即為他們宣說通明禪法。

通明禪的禪相是相應於根本禪。根本禪是指四禪八定，四禪是指初禪、二禪、三禪、四禪，乃至四空定。它的禪相沒有別立，是在根本禪當中。但是它的「觀慧巧細」，是說它的觀察智慧，善巧細密，「從於下地乃至上地皆能發無漏也」，從下地之禪到上地，也就是說通明禪從初禪、二禪、三禪、四禪，乃至於空無邊處、識無邊處、無所有處，都能夠發起無漏的智慧，都能解脫煩惱。

它的觀察智慧十分善巧，十分細密，所以它的禪定境界雖然適於根本禪，也跟數息觀一樣，但是它所顯現的境界更是不可思議、更是細密。從下地到上地都能夠發無漏，跟之前所說的數息觀不同。因為數息觀慧多定少，多在下地發無漏，所以為智慧多、定性少的眾生說數息觀。在下地禪，可能是在未到地定，也可能在初禪、二禪就發無漏智慧了。十六特勝禪法，則是為定多慧少的眾生所說，所以多在上地發無漏，因此在下地禪，不容易發起無漏智慧，不容易解脫。而通明禪是定慧均等，所以地地都能夠發起無漏的智慧，能夠在每一個禪定的境界解脫，因為此種禪法更加細密善巧，能夠隨因緣、隨機緣來發起。

通明禪法和數息觀禪法、十六特勝禪法，這三者的入手方便，都是從呼吸而來，也就是隨著我們人類的呼吸現象，是從入息、出息而發展出來的禪法。這禪法現在在中國還留存下來，其他地方恐怕很少了。修習通明禪雖然在中國歷代都有傳承，但是近代很少有人了知乃至修持。所以，我們今天有幸來修學通明禪，可能是智者大師乃至於天台的祖師之後，或許千百年來重新再傳承這個的禪法者。我們如果能把這個禪法發揚光大，也算是對得起歷代的祖師菩薩了。

以息道為主的禪觀，是從一個最粗糙的、最簡單的呼吸，從數息一呼一吸算一個數字，一、二、三、四、五、六、七、八、九、十，從一到十，循環而數，這是最簡單的數息。第二個，觀察呼吸進入我們的身體裡面，知息入知息出、知息冷暖、知息長短，這樣的修法而成證了十六特勝，乃至現在的通明禪觀，這三者的方向不一樣。雖然都是息道修法，但是數息是重於數呼吸的數字，隨息是觀察呼吸進出身體的狀況，先由定的修持，然後再觀察呼吸出入無常，由無常起觀，才產生無漏智慧來解脫煩惱，解脫成就。

但是在通明禪，它一開始不是這樣修，而是以觀慧為根本，以智慧、慧觀來作為根本。首先要觀察我們的「色」，也就是觀察我們身體的外相；再來是息，我們的呼吸；再來是心，色、息、心三者，組合成一個生命體，一個完全的生命體，要觀這三者是一如的現象。

色，我們現在所言，就是指這個色身。我們色身裡面的所有感受，還有心，還有我們的呼吸三者，都要現觀它是空。從這樣的現觀空裡面，再來修學息道的修行法，修定、修數息，或是隨出入息這些方法。因為這是以觀慧為中心而來修定，所以它所造成的修行境界會更加細密，產生的境界更加不可思議。

我們要修習通明禪法，先要從息道觀察；息道入出無常，息依於身，身依於心。息出入無常，身是無我、無我所，心也是無我、無我所，我們的身體裡面所有的內臟三十六物，乃至於每一個毛孔、每一個細胞，都是相依相緣而成，根本沒有一個實相，沒有一個不壞的相；這個身體要積聚起來，是要靠各色的攝受，是從心而來，而心也是無我、無常，所以說身、息、心三者都是空，依空來現起、來現觀，成證通明禪觀。

以上是對通明禪一般性的現象觀察，也是對一個定慧均等的眾生，為了解脫需要而成證的禪觀。這個禪觀本身具有廣大的解脫妙用，所以叫「通明」。通者，六通；明者，三明，通明指六種神通、三種智明。因為這個禪法用慧觀來觀察微細的息出入相，所以很容易掌握到整個如幻的根本，掌握到整個如幻的根本就能引發大境界。對一般眾生而言，因為這個方法能夠讓我們疾證六通、三明，能夠讓我們迅疾地證取解脫，所以叫作「通明禪」。

對於第二類悲智圓具的菩薩來說，通明禪也可以說是一種菩薩的證相，菩薩的通明禪，是要依大悲心、了悟世間空幻來修習通明，透過這樣的因緣，疾證三明、六通來廣度一切眾生；若依《大集經》而講，就是所謂的「寶炬陀羅尼」。因大悲心驅使，依圓頓心來發起，了悟一切平等平等、無我無我，三明、六通是如幻，身、息、心三者也是如幻，一切現前如幻，為眾生故而修習。所以說從如幻中現生，證得通明，依息道緣起，來廣大救度一切眾生。

息息相入，一呼一吸，此身、息、心三者是一如；吾等身、息、心三者一如，整個法界色相、風相，整個體性都是一如。所以我與法界平等平等、無二無別，一切眾生平等平等、無二無別。身、息、心三者一如，這一如是無生，無生即是現前無滅，無滅能夠救度廣大眾生，能夠圓具成佛。所以我們修習通明禪，能夠廣度一切眾生，圓滿成就，就是菩薩通明禪。要如寶炬一般，能夠出生廣大無量無邊的智慧，如摩尼寶，光照法界，成證一切眾生圓滿成佛，這是菩薩所行。

三、通明禪釋名

我們要了解通明禪法的立名，首先要看《釋禪波羅蜜次第法門》卷八所說：

今辨此禪，大意為三：一者、釋名，二者、辨次位，三者、明修證。

一、釋名者，所以此禪名為通明觀者，此觀方法出《大集經》文，無別名目。北國諸禪師修得此禪，欲以授人，既不知名字，正欲安根本禪裡，而法相迥殊。若對十六特勝，則名目全不相關。若安之背捨、勝處，觀行方法條然別異。既進退並不相應，所以諸師別作名目，名為通明觀禪。或有說言《華嚴經》有此名目。所言通者，謂從初修習，即通觀三事。若觀息時，即通照色、心；若觀色乃至心亦如是。此法明淨，能開心眼，無諸暗蔽，既觀一達三，徹見無閡，故名通明。

復次，善修此禪，必定能發六通、三明，故《大集經》明：法行比丘修此禪時，欲得神通即能得之。今言通者，即是能得六通；明者，即是能生三明。此因中說果，故言通明觀。

《釋禪波羅蜜次第法門》卷八中說：「今辨此禪，大意為三：一者、釋名，二者、辨次位，三者、明修證。」要講通明禪可以從三方面來說，第一是解釋名義，第二是明辨次位，再來是明修證。

「一者、釋名者，所以此禪名為通明觀者，此觀方法出《大集經》文，無別名目。」這個禪，稱為通明禪，其觀法是來自《大集經》的經文卷二十二，但是在《大集經》的經文當中，並沒有另外立別名。

「北國諸禪師修得此禪，欲以授人，既不知名字，正欲安根本禪裡，而法相迴殊。」這是說北方的這些禪師，在修得禪法的時候，要教授給別人，但是卻不知道這個禪法的名字，想把它安置在根本禪當中，但是卻發覺到所修證的法相完全不同。

「若對十六特勝，則名目全不相關。」如果想用息道（呼吸）上的十六特勝修法來相對的話，在名目上全然無關。

「若安之背捨、勝處，觀行方法條然別異。」如果要安置在八背捨、八勝處這樣的修法當中，結果又發覺到這觀行的方法是完全不一樣的。

「既進退並不相應，所以諸師別作名目，名為通明觀禪。」既然這些方法都不相應，所以這些禪師就別作名目，名為「通明觀禪」。

「或有說言：《華嚴經》有此名目。」有人說是《華嚴經》裡面，有此名目。

「所言通者，謂從初修習，即通觀三事。」就是說通明禪最初剛開始學習時，就能通觀三事，能夠觀察，三事通達，這就是我們所說的色、息、心三者。

「若觀息時，即通照色、心。」我們觀察息的時候，就通照我們的色、外相、身相，還有心。觀察身體的色相，同時也要觀察息、心；觀察心的時候，也要觀察我們的身、息；這三者都是一樣的。

「此法明淨，能開心眼，無諸暗蔽，既觀一達三，徹見無閡，故名通明。」這個法能夠光明清淨，能夠開發我們的心眼，沒有任何暗處，所以不但能觀一達三，還能徹見無閡，所以叫作通明。因為能觀一法而又能達於三法，徹見無閡，所以叫通明禪。這是一種，通觀三者十分的明淨，所以叫通明。

第二，「善修此禪，必定能發六通、三明。」如果善行修學這個禪法，一定能夠發起六種神通、三種智明。六通就是天眼通、他心通、宿命通、天耳通、神足通、漏盡通等六通，三明指的是宿命明、天眼明、漏盡明。三明、六通是一般成證阿羅漢者能達到，外道雖能得證五神通，卻還不能證得漏盡智慧通。煩惱盡除，能得智慧，稱做漏盡通。三明，是大阿羅漢能得，在佛名為三達。修這法一定可以得到三明、六通，所以叫通明。

由此可知，這修法十分犀利，力量十分的強大，大家要善修，也就是要正念修習，否則引發神通境界，卻邪心邪取而增長惡業，是十分可惜的，所以一定要以觀慧作基礎。就我們而言，必須要有大悲作根本，以大悲觀慧作基礎；此外，就圓頓禪觀而言，我們要心住平等實相，以實相心，以諸佛如來果地心、平等實相心，來修學這個禪觀，如此才是圓頓平等無差別相，於善巧如幻中現起修習，廣度一切眾生。

這裡說「必定能發六通、三明」，所以《大集經》說：「法行比丘修此禪時，欲得神通即能得之。」法行比丘是指真正法行的比丘，有法行比丘，也有非法行者；如龍，有法行之龍，有非法行龍；龍王也有法行龍王、非法行龍王。法行龍王能夠注持雨水，幫助大眾，使大家都能得到清涼；非法行龍王是由瞋恨心生起，轉動水大，所以就會造成災害。現在非法行龍太多了，非法行龍為什麼會猖獗呢？因為非法行人太多了。大家不要認為能夠修通明禪，就自認為是法行人，這是不對的。對自己的心念是要隨時臨檢，不是自己認為怎樣就是怎樣，我們要安住在法行當中。《大集經》說：法行比丘修此禪時，欲得神通即能得之。這是很厲害的禪法，但是即使能得之，我還是建議大家不要得。得神通，除非是六通、三明同時具足，否則得神通並不是好事。

「今言通者，即是能得六通；明者，即是能生三明。此因中說果，故言通明觀。」這裡說「通」，就是能得六通；「明」，就是能生三明，這是從因中來說果，因為能夠速疾得到六通、三明，所以叫通明禪觀。

在《摩訶止觀》卷九上，亦解釋通明禪說：

次通明禪發相者，上特勝修時，觀慧猶總見三十六物，證相亦總。通明修時細妙，證時分明。《華嚴》亦有此名，《大集》辨寶炬陀羅尼，正是此禪也。《請觀音》亦是此意。修時三事通修，能發三明、六通。又修寶炬時，乃至入滅受想定；當知此門具八解脫、三明、六通，故名通明也。

這樣的說法，可以幫助大家更了解通明禪觀的意義。首先來說明十六特勝的修法，乃比數息觀的修法更加細密。用數息觀的修法時，證得未到地定或根本禪的時候，會在打坐時忽然「心眼發明」，這時整個身體就消失了。身體的消失，指的不是我們外相身體的消失，一般肉眼觀看這身體還在，但是心眼觀察我們內在的受色身、報身卻消失了，欲界的中陰在禪定境界中消失，這是屬於禪定中陰的轉換。

禪定中陰轉換之後，如果繼續修持，到初禪的時候，風大會現起，風大現起時，整個心眼的觀察，身如雲彩，像影子一樣，慢慢地又現起了，這是風大現起。風大現起的時候，不是只有身體動，而是心眼能觀察到自身禪定中陰的轉換，色界的禪定中陰就現起了，這是數息觀未到地定的境界。

修持隨息觀能出生十六特勝，在未隨息到地定的時候，不是感到存有消失，而是忽然被另外一個更強烈的境界所感發了，這境界就是內見三十六物。三十六物就是指我們身體內外的一些東西，三十六物指的是總名，而不一定看得到三十六種。一般經典中的分類，皆指內、外、中間各有十二物，和為三十六；然而在禪門中，卻只分內、外，即外有十物，內二十六。在這三十六物中，二十二物是屬地大，十四物是屬水大，其實這就是指我們的內臟。

以前西醫對中醫的經脈之說很不以為然，認為死人割開後，根本看不到經脈，後來才發現到原來是他們弄錯了。胡適之先生也犯過這種錯誤：他有一次在某個禪師寫的東西上批注：「這個人又在胡說八道了！」後來過了一陣子他又改正了：「對不起，原來我沒看清楚，他是講對了。」這是常有的事，我們不要妄下斷語，要很尊重。

內見三十六物，大家應該了解這個意思。這不是用眼睛看，有些人打坐時看到內臟，就在那邊算：「一、二、三、四……沒有啊，那有三十六物？」他還沒數完，這個境界已經不見了，因為定力退失。以前我在教靜坐的時候，有的學生很神經質，因為七支坐法中有「手結定印」一項，有的學生就很擔心手印沒結好，常要睜開眼睛看一看。手結定印本來是要幫助我們入定的，他卻把這拿來觀察，所以這不是在打坐，而是在觀察手有沒有結印。

我們要知道，「大象不遊於小徑」，一個修行人要做大事，要從大處著手。大處做好了，細密功夫也要用得上，不要專注一些小小事，大事都不顧了，只注重一些小細節，像：吃東西一定要怎麼吃，否則犯戒；結果可憐了眾生。就好比身旁發生車禍，大家都忙著搶救，有人還在研究筷子要怎麼拿才對。或是火災突然發生了，想逃難都來不及，卻還有人在研究逃生方法，並要求大家先學習一下標準動作，不夠標準的再重來一次；那麼大概還沒研究出來，就化為灰燼了，因此要注意到緣起。

「上特勝修時，觀慧猶總」，觀慧是總相，所以在十六特勝中，觀慧是總相的現起，即我們在觀察時，是總相現起。「見三十六物，證相亦總」，是總見三十六物的意思，是整體相現起，此時的觀察智慧是總相智慧，見三十六物時，證相也是總相的。但「通明修時細妙，證時分明。」以通明禪觀察的時候，境界十分的細密微妙，證得的時候是分明清楚，所以它不只是見三十六物。三十六物，如指甲，它不是只有看到指甲的相而已，而是指甲每一片的結構都看清楚了；它看到細皮，不是只有看到皮而已，連皮和皮之間的境界都看清楚了。它不是只看到三十六物而已，三十六物裡面的細菌——「身內諸蟲」也看得到。

佛經常講「蟲」，因為古代並沒有細菌這名詞，所以在以前稱「蟲」。細菌是十八世紀才有的名詞，也許有人就說：「古人好笨，不知道這叫做細菌。」不是古人笨，是以前沒有這個名詞，所以叫「蟲」。有人又會說：「蟲是大的！」那多大的蟲才叫蟲呢？這可以辯證一下，難道這蟲比一般的蟲小十分之一就不叫蟲嗎？這是科學發展上必然會有的分類過程。佛說一鉢水裡有八萬四千蟲，這很明顯是指細菌而言。

經典上有時會寫：內有諸蟲，有大有小，很多種不同的蟲，還會彼此講話、溝通，還有傳遞的指令。或許我們還可以和牠溝通，或許我們比較不會那麼常生病。這可能有點小用，但如果這個大環境產生此種疾病的機會很大，那麼還是沒什麼用。

基本上，一個修持禪定得力的人，是可以減輕大環境對我們身心侵害的程度，但要完全不受侵害的話，定力是敵不過業力的。

「《華嚴》亦有此名」，《華嚴經》中也有這個名稱。《華嚴經》中沒有講很細的修法，但是有名目：卷四十八有「通明攝陀羅尼門」；卷五十五裡有「通明共法」，分別了知一切世間故；卷五十八中有「通明巧方便」；

卷六十中有「通明門」。所以智者大師說《華嚴經》有此名目是合理的。

接著又說通明禪即為《大集經》中的「寶炬陀羅尼」。在經中，佛言：「善男子！有陀羅尼名曰寶炬，菩薩住是陀羅尼中，能持一切諸佛名號，為諸眾生分別解說，隨諸眾生種種語言。」而後講了很多修法，佛陀再用偈頌來解說：遠離一切諸煩惱，清淨無垢猶真實，

其心能作大光明，是名寶炬陀羅尼。

身口意業悉寂靜，猶如秋月之明淨，

修集大慈心平等，是名寶炬陀羅尼。

這個法門從通明禪後續的修習到菩薩禪都有相應，所以說《大集經》寶炬陀羅尼，正是此禪。

《請觀音經》裡面也有提到通明禪。

《請觀音經》全名是《請觀世音菩薩消伏毒害陀羅尼咒經》，是用六字章句來修持，即有六字的陀羅尼，修六字法，並不是六字大明咒——唵嘛呢

叭咪吽。後來智者大師建立所謂六道觀音的根本，就是從這六字章句出生的。經中說有個名叫優波斯那的聲聞眾，聽聞六字章句，觀察心脈，而廣明六妙門；用心脈來修持六妙門，所以就轉成通明禪。

又有一說是依六根與六識相應，來攝入我們的心，從這邊出生所謂的「六觀音」，即六觀音能夠對治六道，所謂：大悲觀音能夠破地獄道的三障，大慈觀音能破餓鬼道三障，師子無畏觀音能破畜生道三障，大光普照觀音能破修羅道三障，天人丈夫觀音能破人道三障，大梵深遠觀音能破天道三障；這是屬於天台宗的六道觀音。

後來到了密教，東密也有六道觀音。將兩者比對起來，大梵深遠觀音相當於如意輪觀音，天人丈夫觀音相當於準提觀音，大光普照觀音相當於十一面觀音，師子無畏觀音相當於馬頭觀音，大慈觀音即一般所說的聖觀音，大悲觀音則是千手千眼觀音；轉成這六道而有這樣的因緣。

《請觀音經》云：

王舍大城有一比丘名優波斯那，精進勇猛，勤行難行苦行，如救頭然。在寒林中與無央數大眾圍繞，自說往昔作諸惡行，殺生無量，聞觀世音菩薩六字章句，正念思惟觀心心脈，使想一處見觀世音菩薩，即得解脫成阿羅漢。

「云何當得見觀世音菩薩及十方佛？若欲得見，端身正心，使心不動，心氣相續，以左手置右手上，舉舌向腭，令息調勻，使氣不粗不細，安祥徐吸，從一至十，成就息念，無分散意，使氣不粗，亦不外向，不澀不滑，如嬰兒飲乳，吸氣嗽之，不青不白，調和得中。從於心端四十脈下取一中脈，令氣從中安隱得至十四脈中。從大脈生至於舌下，復從舌脈出至於舌端，不青不白，不黃不黑，如瑠璃器，正長八寸，至於鼻端還入心根，令心明淨。」

佛告諸比丘：「此大精進勇猛寶幢六字章句，消伏毒害大悲功德觀世音菩薩，以此數息心定力故，如駛水流，疾疾得見觀世音菩薩及十方佛。」

「寒林」就是指尸陀林。經文告訴我們如何得見觀世音菩薩及十方佛：「若欲得見，端身正心，使心不動，心氣相續」，心和氣相續不斷，左手置於右手之上，「舉舌向腭」是舌頭轉抵上顎之意，使我們氣息調勻，「使氣不粗不細，安祥徐數」，氣調勻之，後來數息，從一數到十。「成就息念，無分散意，使氣不粗，亦不外向，不澀不滑，如嬰兒飲乳」，數息時像嬰兒吮乳一般，吸氣數之。

「從於心端四十脈下」，在心端，心脈出生四大脈，四大脈又各出生十小脈，所以說「心端四十脈下」，從其中取一中脈，「安穩得至十四脈中」，使氣安穩，到十個脈的四大脈中，一個中脈出生四脈，四脈中又出生四十脈。

這是在說明持六字章句和數息相應之處，把數息法應用在心脈的調息和持咒的修持，可說是密教的一種數息法。

再說到修持通明禪時，「三事通修，能發三明、六通。又修寶炬時，乃至入滅受想定；當知此門具八解脫、三明、六通，故名通明也。」這是《摩訶止觀》所說。

再看《釋禪波羅蜜次第法門》所說：

問曰：「餘禪亦能發六通、三明，何故獨此禪說為通明？」

答曰：「餘禪乃有發通明之義，不如此禪利疾，故名通明。」

問曰：「如《大集經》亦有別釋此禪名義，故經言：所言禪者，疾故名禪。疾大疾、住大住、寂靜觀、滅達離，是名為禪。今何故別立名耶？」

答曰：「彼經雖有此釋，於義乃顯，而名猶漫，既不的有名目，故復更立通明之名。」

在《釋禪波羅蜜次第法門》中，有疑問：「餘禪亦能發六通、三明，何故獨此禪說是通明？」其他的禪法也能夠發六通、三明，為什麼特別說此禪是通明禪呢？回答則說：「餘禪雖有發通明之義，不如此禪利疾，故名通明。」雖然其他禪法也能發起六通、三明，但是它不如這個禪法這麼迅速，這麼銳利，所以特別把它叫作「通明禪」。

又，在《大集經》中，也有別釋這禪的名義，所以《大集經》中說：「所言禪者」，什麼叫禪呢？「疾故名禪」，迅速立即，所以叫禪。「疾大疾」，它是極快速的迅速；「住大住」，安住不動的廣大安住；「寂靜觀」，寂靜的觀察；「滅達離」，滅除一些相對的障礙，能夠達於究竟，遠離一切分別，所以叫禪。「今何故別立名耶？」這邊就已經有了，為什麼不叫它為「疾大疾、住大住」呢？為什麼要立別名？智者大師說：這些經雖然有這樣的解釋，意義上十分的清楚，但是「名猶漫」，在名稱方面卻很散漫，沒有一個確切的名稱，所以還是特別命名為通明禪。

以上是講通明禪的名義，令大家了知立名通明禪的因緣，了知立名的因緣，才能幫助大家趣入此禪，能夠安受此禪。

四、明階位次第

此禪無別次位，猶是約根本四禪、四空立次位。但於一一禪內更有增勝，出世間觀定之法，能發無漏及三明、六通疾利。亦於非想後心，滅諸心數入滅受想定，故不同根本。暗證取著，無有神智功能；是故雖復次位同於根本，而觀慧殊別，恐人謬解，故立別名。雖名有異，而次位無差。

再來是明次位，說明它的境界、次位。

「此禪無別次位，猶是約根本四禪、四空立次位。」這個禪沒有別的次第和位置，還是以四禪八定，也就是根本四禪加上四空定為根本。根本四禪即初禪、二禪、三禪、四禪；四空定，即空無邊處定、識無邊處定、無所有處定，非想非非想處定，這四禪八定作為它的根本來立次位，所以還是安住在初禪、二禪、三禪、四禪，它並沒有另外別立階位。接下來就有不同了：

「但於一一禪內更有增勝」，但是在每一個禪法當中，通明禪有更加特別的增勝，更加特別的增上殊勝，「出世間觀定之法，能發無漏及三明、六通疾利。」這個禪法，能夠讓我們成證出世間觀定的法門，能夠疾發無漏，還有三明、六通，而且「亦於非想後心滅諸心數，入滅受想定，故不同根本」，在非想非非想處定，在這個定裡面成證此定之後，這個心能夠消滅心數，消滅非想非非想處定這個心，就能證入滅受想定，而成證阿羅漢，所以不同於只是四禪八定這根本禪只有「暗證取著，無有神智功能」，如果你暗證取著，就沒有任何神智功能。「是故雖復次位同於根本」，它這個次位的境界，還是和四禪、八定的根本禪一樣，但是觀慧不一樣。這兩者相同，但又不完全一樣，恐怕別人會誤解，所以立別名，「雖名有異，而次位無差」，雖然名稱有些不同，可是證界卻沒有什麼差別。它的位置沒有差別，但是同樣的證量內容，它還是有特別殊勝的證入。

就如同我們在台北市裡面，有某些地方一般人不能進去，但是有些人有特殊的通行證，能夠到達每個地方；一般那些沒有什麼權力的人，他知道一些地方，也非常熟悉台北市，但是有些地方他就是不能去。譬如士林官邸的地下室、公館的防空飛彈基地，一般人不能去，但是如果有特殊的通行證就能夠進去。現在修通明禪也是如此，雖然說是同樣的位置，但是更加細密、更加深入，是這樣的意思。

問曰：「若此禪得入滅定，與九次第定有何異耶？」

答曰：「修此定時，心心無間，亦得說為九次第定，然終非是具足九次第定法，是事在下自當可見。若比准《成實論》解，九定、八解亦是具足。」

如果此禪能得入滅盡定中，那麼與一般禪法中的九次第定有什麼不同？

智者大師回答：「你如果修這個禪定時，心心相續無間」，這句話在禪觀上很有意思。如果修這個禪時能心心無間，如在打坐時修通明禪，心念心念相續無間，不斷增長，不斷趣入，也可以進入九次第定。

為什麼是九次第定？我們在修禪法時，入初禪、出初禪，入二禪、出二禪，入三禪、出三禪，入四禪、出四禪，入空無邊處定、出空無邊處定，入識無邊處定、出識無邊處定，入無所有處定、出無所有處定，入非想非非想處定、出非想非非想處定，入滅盡定、出滅盡定，這叫九次第定。像這樣心心無間上去，可以趣入九次第定。也可以用通明禪進入九次第定，只要心心無間上去，就可入九次第定了。所以說：「心心相間，亦得說為九次第定。」「然終非是具足九次第定法」，這是通明禪中的特殊狀況，但這不是說通明禪就具足九次第定法，所以「是事在下自當可見」，下面你當然可以了解。

「若比准《成實論》解，九定、八解，亦是具足。」如果現在和《成實論》相應的來理解的話，「九定」是九次第定，「八解」是八解脫，這兩者也是具足的。在某些狀況下，它可以說是九次第定，但不是全部都是。

第二章 通明禪初禪修證的境界(一)

本章我們要討論通明禪初禪的修證。

《釋禪波羅蜜次第法門》說：「明修證，此禪既無別次位，還約根本次位辨修證也。」通明禪沒有別的次位，就從根本的次位來明辨修證。

先明修證初禪之相，如《大集經》說：言初禪者，亦名為具，亦名為離。離者，謂離五蓋，具者，謂具五支。五支者，謂覺、觀、喜、安、定。云何為覺？如心覺、大覺，思惟、大思惟，觀於心性，是名為覺。云何為觀？觀心行、大行、遍行、隨意，是名為觀。云何為喜？如真實知、大知，心動至心，是名為喜。云何為安？謂心安、身安、受安，受於樂觸，是名為安。云何為定？謂心住、大住，不亂於緣，不謬，無有顛倒，是名為定。即是彼經略釋修證通明初禪之相。

推此經文所明五支，則與餘經論所明大異，故須別釋。

一、遠離五蓋煩惱與具足五支成就

在《大集經》中說，初禪也稱為「具」，也稱為「離」。離五蓋是指我們能夠遠離貪欲、瞋恚、睡眠、掉悔、疑五蓋，可以說證得初禪即是離五蓋。具五支，初禪五支是指覺、觀、喜、安、定。這些名詞是《大集經》中所說，覺、觀、喜、安、定是初禪五支，一般的說法是覺、觀、喜、樂（安）、一心（定），是同樣的名詞，都是指初禪五支。但是在同樣的五文中，其講法就特別了。

「云何為覺？」在初禪，一般的根本四禪的初禪覺是指我們細分的神經，神經的支分。由於它被碰觸了，引發直深的樂觸，所以這裡面是從支分的神經中，引發喜樂，而導入了我們的神經分別。但是智者大師的說法不一樣：「云何為覺？如心覺、大覺，思惟、大思惟，觀於心性，是名為覺。」立場完全不同，這裡面是完全建立在「如心」這兩個字。如心覺、大覺，思惟、大思惟，觀於心性，是名為覺。同樣是初禪，但是境界還是有差別。

「云何為觀？觀心行、大行、遍行、隨意，是名為觀。」立場又和一般說法完全不一樣。一般觀是指覺觀，即是我們的中樞神經得到很細密的喜樂，由八觸所產生喜樂，但是這裡面的境界不一樣，它是由慧而來，所以「云何為觀？觀心行、大行、遍行、隨意。」能夠觀心，遍行隨意，所以叫觀。

「云何為喜？如真實知、大知，心動至心，是名為喜。」什麼是喜呢？我們面對這境界，如真實知，是如真實之知，能大知，能完全廣大的了知，心動至心，心心相動，喜樂心心相動，這就是喜。

「云何為安？謂心安、身安、受安，受於樂觸，是名為安。」什麼是安？你心安、身安，覺受也安，受到廣大的樂觸，所以名為安。

「云何為定？謂心住、大住，不亂於緣，不謬，無有顛倒，是名為定。」一心住於大住而不亂，於一切緣起不謬誤，沒有顛倒，所以名為定。

能向大家介紹這個禪法我很歡喜，如果是過去已經有修習這個禪法的人，現在應該會有更向上的了悟；過去對初禪的了解，到這裡會有更深一層的了知。

二、觀息如心相

今先釋如心。

如心者，即是初禪前方便定發也，亦即是未到地。但證不孤發，要由修習。云何修習？行者從初安心，即觀於息、色、心三事，俱無分別。觀三事者，必須先觀息道。云何觀息？謂攝心靜坐，調和氣息，一心諦觀息想，遍身出入，若慧心明利，即覺息入無積聚，出無分散，來無所經由，去無所履涉。雖復明覺，息入出遍身，如空中風，性無所有，是則略說觀息如心相。

「來無所經由，去無所履涉。雖復明覺，息入出遍身，如空中風，性無所有，是則略說觀息如心相。」這說法比如說像：「息入出遍身，如空中風」，空中風如何來呢？也可以這樣子直接趣入。但是一般而言，我們在思惟的習慣當中，還沒有想到整個身體，就是遍身直接出入的話，在思惟習慣上面恐有些微的差別，所以現在可以不用這樣想。這是第一個觀法，這很重要，就是「是則略說觀息如心相」，所以第一個觀察出來了。

【問與答】

問：如果在剛剛那種情形，鼻端的那種觀法，他怎麼樣去想像「入無積聚」？如果還是這樣遍滿？

答：它只要不留在裡面就是入無積聚了。

問：出去的話？

答：出去的話也是無方所，出無方所，就是無常。觀息如心相，這樣可以嗎？這是第一個階段。

三、觀色如——諦觀身色一如之相

次觀色如。

行者既知息依於身，離身無息，即應諦觀身色如。此色本自不有，皆是先世妄想因緣，招感今世，四大造色圍虛空故，假名為身。一心諦觀，頭等六分、三十六物及四大、四微，一一非身，四微、四大亦各非實，尚不自有，何能生六分之身、三十六物？無身色可得，爾時心無分別，即達色如。

第二是觀色如。「行者既知息依於身，離身無息」，這句話先了解，這裡面充滿了智慧的觀察。「行者既知息依於身」，息——呼吸是依於身，「離身無息」，離開身體就沒呼吸了，是不是這樣子？我們有呼吸，是因為我們有身體。「即應諦觀身色如」，如，現在如果沒有辦法完全體會，把它當作空來了解就好。本身色是空的，「離身無息，即應諦觀身色如」。「此色本自不有，皆是先世妄想因緣，招感今世，四大造色圍虛空故，假名為身。」我們身體的色相本來是沒有的，都是我們過去世「妄想因緣」，過去是我們的妄想因緣招感到今世，造成我們四大造色，就是色相圍虛空的緣故，所以假名叫身。我們的先世妄想因緣，就是我們的意識，過去的妄想因緣，招感這一世的四大造包圍虛空故，所以現起這個「身」。

我們再仔細往下觀察，「一一心諦觀，頭等六分、三十六物及四大、四微，一一非身，四微、四大亦各非實，尚不自有，何能生六分之身、三十六物？無身色可得，爾時心無分別，即達色如。」怎麼修呢？大家不要看了半天，還搞不清楚怎麼修。很簡單，「頭等六分」，頭、身體、四肢這些東西，內臟：心、肝、脾、肺、胃，你所有的醫學常識，看過的圖片都把它想出來，它是地、水、火、風四大所造成。到底那一個是身呢？頭是你的身嗎？手是你的身嗎？腳是你的身嗎？內臟是你的身嗎？心臟是你的身嗎？肝臟是你的身嗎？你的胃是你的身嗎？你的腸是你的身嗎？

這些東西都是假合而成，他們都不是真實的，都是因緣和合而成，所以說這些都是沒有自性的，都是因緣和合而成，所以說根本這身、色是由虛妄的招感所得，由因緣所得。這時候你發覺：原來過去認為有一個身體這樣的心，本身是假的。不是說我們看到身體，這樣的感受是假的，而是看到身體這樣的相的時候，心中會有一種身體的感覺，這樣的心是假的。我們看到這個人是某某人沒有錯，而我把他當作一個樣子外，我心中有一個執著某某人，這心是錯誤的，但不是說我看到他是假的，他只是因緣和合，其背後並沒有一個固定不變的某某人。所以我們看到自身都是因緣和合而成，不是我們沒有看到這東西，而是看到這東西，原來都是由因緣條件的組合而成的。如果我們看不到的話是瞎子，一般人一定看得到的。

但如果除了這個之外，我們心中有另外一種妄見，一種自性的見解，一種執著，內心對身體有一種假設，它除了和合而有的因緣之外，我們假設它後面有一個身。這個身其實只是一個因緣和合而有，我們除了因緣和合而有，這個現象現起的時候，我們再思惟一個身，那麼這身是假的。這身是假的，這只是一種思惟，思惟如果能起現觀，現觀它會產生一定的力量。「無身色可得，爾時心無分別即達色如」，我們這樣子能夠達到色如，我們了悟色空的意思。所以說先觀息如心相，再來觀色如，再來觀心如；即觀息如心相，再來觀色如，再來觀心如。

四、觀心如——從心如到如心的境界

次觀心如。

行者當知，由有心故，則有身色，去來動轉，若無此心，誰分別色？色因誰生？諦觀此心藉緣而有，生滅迅速，不見住處，亦無相貌，但有名字，名字亦空，即達心如。行者若不得三性別異，名為如心。

復次，行者若觀息時，既不得息，即達色心空寂。何以故？三法不相離故，色心亦爾。若不得色心三事，即不得一切法。所以者何？由此三事和合，能生一切陰、入、界，眾苦煩惱，善惡行業，往來五道流轉不息。若了三事無生，則一切諸法本來空寂，是則略說修習如心之相。

「行者當知，由有心故，則有身色，去來動轉，若無此心，誰分別色？」我們應該了解，因為有心的原故，所以才有身體的色相，能夠去來動轉。如果這心沒有了，誰能夠分別這個色相？如果生命的意識沒有了，身體就只不過如同木頭一般而已。所以「色因誰生」？色，到底因誰而出生？我們諦觀此心，仔細觀察這心，「藉緣而有，生滅迅速」，我們觀察這心，它是由因緣所成的，不斷迅速生滅，這生滅迅速的時候，你會看到你的心念起滅起滅，非常快速。我們這時候「不見住處，亦無相貌」，不見它安穩、久住的處所，這心其實也沒有相貌，只有名字，只有假名而已，這叫心，假名亦空。這樣達到心如，「行者若不得三性別異，名為如心」。

五、息、色、心的次第觀察

我再把這些仔細分別：

首先，我們要先修習禪觀。第一個是觀息如心相，第二個是觀色如，第三個是觀心如。所以說一切的因緣差別、一切方便的開始，是以息道為根本方便。一開始的時候要通觀這三者：色、息、心三者一如，這色、息、心三者要觀成一如的話，就是要把這三者次第觀察分別。

(一) 觀息如

我們在觀息的時候，觀息如心，為什麼要如心呢？因為只有我們的心能夠分別、能夠了悟。所以心是造就兩者的：一個是造作生滅，一個造作解脫，讓我們無為解脫；所以說心是讓我們輪迴與解脫的心。如果心妄行，它是無明緣行到老死，十二因緣的輪轉，這是染污行。我們既然要還淨，就要破老死，迴破無明。所以一個是往下染污的過程，一個是還淨的歷程，這裡面都是心的作用。同樣因緣次第的建立，都是來自一心，所以一心能開二門，二門者為何？一是生滅門，生滅門就是染污門；一個是真如門，是還淨的。這是一心二門，這是來自《大乘起信論》的說法。這樣的說法本身，在十二因緣中已經將還淨和染污的過程講得很清楚了，只是用另外一種名詞來解說清楚，讓大家方便了悟而已。

現在，我們這個心是能夠分別、了悟的一個根本，也是造作的根本，一切作用在心。現在我們來觀息，息無常、無我，所以我們觀息，遍身出入。我們息遍身，先觀息入遍身，到底在我身體的那一個地方？仔細觀察清楚，它到達每個地方，息是在我的指甲裡面嗎？是在我的指頭裡面嗎？是在我的心臟裡面嗎？是在我的肚子裡面嗎？是在我的肺臟裡面嗎？是在我的腳裡面嗎？是不是？它在的話，是不是就永遠在那裡呢？這是「入」。你發覺到原來息是入無積聚的。

現在息出去了，呼吸的氣出去的話，整個裡面的息都轉動了。出去的時候，它到底去那裡？它出無方所，沒有固定的地方，它不是一直不變的，息也不是一個固定的東西，它是與外界的風相應流轉，出入無常。起先對大家來講這只是一種觀察，為什麼？因為你們有一個時間差的問題，我們常被時間所欺騙，時間是一個大騙子，時間是一個最大的騙子，把我們每個人騙得團團轉。因為我們有時間的問題，所以我們會輪轉，在時間上不斷地相續。一切是無常，一切現象是無常的，但是為什麼我們現在無法現見無常？因為我們被時間相所騙了。

為什麼呢？第一個我們的心不夠利，很鈍，心如果鈍的話，看這現象的時候，看不清楚，這是現實的一個困難。另一個困難是就算我們看到了，也不肯相信，這是更大的困難，是見地上的困難。現在我們把因正見不足所產生的困難排除掉之後，再來的問題是現實的困難。

「息入無積聚」，一般人可能會懷疑，看不到這麼細微的呼吸，但是如果是修行功力比較高的人的話，這問題會比較少，因為他可以馬上看到呼吸的狀態，這是心利鈍與否的差別。所以現在沒有辦法，現在要用「心諦觀息想」，想息遍身出入，這就是方便。一心諦觀，仔細去觀察，其實這是雙重觀察。我們要知道：在觀息如心相中，「一心諦觀」，這是一個，還有一個息相「遍身出入」，這是兩個。一心諦觀，遍身出入，就是這兩個觀察了。但是修證比較有成就的人需不需要這個？他不需要，他一心諦觀息相就夠了。所以我們這還是有次第地修。

如果是更高明的人，則直接進入心如，不必一心諦觀，而是以心觀心，念念無常。

所以我們現在要了解，通明禪也可以回觀到六妙門，六妙門有沒有含攝通明禪？有的。圓觀六妙門含攝通明禪，一切諸門都是在六妙門之中，圓觀禪法裡面，一切禪都可以互相攝入，通明禪也是如此，這裡面的禪法都可以互相攝入，看你的立場在那裡。所以要知道，一切法都能含攝。

我們現在觀息如心相，一切諦觀思想，遍身出入，無常、如心。這是一個很重要的根本，如果沒有這根本，後面就觀不下去了。最後的結果是什麼？「雖復明覺，息入出遍身，如空中風，性無所有」，這是什麼？「是則略說觀息如心相」，廣大觀的話，你看修到最後，每一個毛孔都可以觀察它的出入，每一個毛孔有無量眾生，身上每一個細胞的呼吸，你都可以在禪觀中現觀；身上的每個細菌整個的變化過程，你都可以了解。一切在動中的現象，都是屬於風、屬於息。這是屬於「觀息如心相」的廣大觀，這廣大觀是祕密境界，唯證者了知。

(二) 觀色如

再來觀色如。觀息如心相，這是第一個，所以說它是在觀息，我們在做到第一階段的功夫之後，這息已建立了。所以觀色、息、心三者，還是由息進入，然後再觀色如。因為息依於色，色者身也，色如，有身方有息，如果無身就不需要息，所以息要攝於身來觀察。

「行者既知息依於身，離身無息，即應諦觀身色如。」此身色是怎麼樣，我們要觀察，如果沒有圖表就自己想像，但還是以看過人體的器官表、解剖圖來觀察較佳。若不會觀其他，至少會觀骨頭、骨髓，想像一下，頭腦中有腦髓，腦髓中糊糊的，這裡面那一個是你呢？頭是我們嗎？手是我們嗎？身體是我們嗎？兩隻腳是我們嗎？骨髓是我嗎？腦髓是我嗎？心臟是我嗎？肺臟是我嗎？到底那一個才是我？我在腳嗎？我在左腳還是右腳？我在那一個內臟？我在那一器官？那一個是我？

你說那一個都不是我，這是什麼意思？是我看不見這東西嗎？這是錯謬的見解，在觀身如的時候，要清清楚楚觀察到身相的存在、身相的存有，但是你不要在身相存有的背後假設一個身。它的意思是執著有另外一個動轉的東西，能夠自在的東西，能夠有我的東西，來成就這個身體。但它不是，它是因為有這樣的因緣而存有的，所以說這些除了依於緣起相之外，並沒有別生另外一個東西在。

所以說身相只是三十六物的相應因緣，只是四大造色，圍虛空故，假名為身，是「先世妄想因緣，招感今世，四大造色圍虛空故，假名為身」。這句話是根本的建立，下面是方便觀察。所以說，色根本就是假的，離身無息。我們如果身如證得之後，息一定是如的。現在先了解假名為身的立場，再諦觀我們頭分六分、三十六物及四大、四微造作，而造成身，所以三十六物無身色可得，爾時心無分別即達色如。這時你能了解了，這個現象看得清清楚楚的，但是你不再假設後面有一個我存在，背後不再有一個自性存在，這就達到色如了。這樣子就能夠觀色如，你看這色，它是空的，色是空的，不是說沒有存在，空不是沒有，而是說除了現有的因緣之外，它並沒有另一個自性存在，這才是「空」。

㈢ 觀心如

色是怎麼來的？我們就必須觀察第三個叫「心如」。「行者當知，由有心故，則有身色，去來動轉，若無此心，誰分別色？色因誰生？諦觀此心藉緣而有」，這個心是因緣所有，生滅迅速，它不見住處，也就沒有相貌，只有名字，這假名也是空的，如此達到心如。身是依於心，否則人死了之後身體應該會動來動去，但沒有，所以這身色是依心，而心也是空，因此可以達到心如。如果不把色、息、心三者這三性別異，而把色、息、心三者完全通觀，這三者都通觀的話，叫如心。如心相是什麼呢？「如心者，即是初禪前方便定發也」，所以這個境界證得的時候，你就馬上會證得未到地定，這時不只是內見內臟而已，連每一層皮都看得到。

「復次，行者若觀息時，既不得息，即達色心空寂。何以故？三法不相離故，色心亦爾。」所以說這時候行者觀息時也不得息，就是說觀察息的時候不會有息的自性想，不會有息的執著，你不得息，現在三者是如相的、是統一的，如果不得息的話，色心就空寂了，所以息空寂。不得息時，色心就空寂；因為三法不相離，所以色空寂，這時候你觀察色不得時，心息也空寂；不得心的時候，色息也空寂。所以這時候身、息、心三者統一。

「若不得色心三事，即不得一切法」，所以這又更廣大去推廣了，如果不能得到色、息、心三者，並對三者都不著，就不得一切法。為什麼呢？因為這三事和合，這色、息、心三事的和合，能夠出生一切陰、入、界，因這三事和合能夠出生一切五蘊：色、受、想、行、識，我們的身心境界。能夠觀起十二入：內六根眼、耳、鼻、舌、身、意，外六塵色、聲、香、味、觸、法，從中產生色、受、想、行、識等五蘊、六界、六根。六根對外六塵則產生六識：眼、耳、鼻、舌、身、意識。這十八界、十二入、五蘊，這一切都是由三事和合而產生的。

一切的痛苦煩惱和善惡行業，讓我們往來在天、人、阿修羅、餓鬼、畜生、地獄等六道之中，流轉不息，都是這一切身、息、心三者和合而出生的。如果了知這色、息、心三者，本來無生，一切諸法本來空寂，才能得到修習如心之相。所以說這三者是廣大的慧觀，它不只是一般的定力而已，它是一個很深層的慧觀，而是我們現在就要達到這三者慧觀來統一，來修習，它不是和前面幾個禪法一樣，依定力修習再起慧觀，而是依慧攝定，以定主慧，定慧相攝之意。

第三章 通明禪初禪修證的境界(二)

本章要討論的是通明禪初禪的證相。

一、通明禪欲界定、未到地定的修證境界

第二、明證相。

此亦具有證欲界、未到地相。行者如上觀察三性，悉不可得，其心任運，自住真如，其心泯然明淨，名欲界定。於此定後心，依真如法心，泯然入定，與如相應，如法持心，心定不動，泯然不見身、息、心三法異相，一往猶如虛空，故名如心，即是通明未到地也。

接下來要說明通明禪的證相。「此亦具有證欲界、未到地相」，這個境界也有證得欲界定和未到地定的現象。「行者如上觀察三性，悉不可得，其心任運，自住真如」，就如同我們觀察色、息、心三性是不可得的，我們的心任運自然，自住真如，這個要仔細體會分別。我們觀察這三者的體性，很仔細地起慧觀，所以說慧能夠出生定，觀自然能夠出生定，一切煩惱破除，自然能出法爾大定。

所以，天台的體真止，是「體真能止」，這裡也是如此。「行者如上觀察三性，悉不可得，其心任運，自住真如」，這不就是體真止嗎？所以說這裡面圓融無礙，法門都是相攝的，佛法的法門也都是相攝的。如果我們觀察三性不可得，我們的心任運，自然法爾自住真如，所有的煩惱都破除了，妄想都破除了，執著都破除了，心就寂然入定。所有煩惱、妄想的出生，是因為我們不了解實境，如果能了解真境就自然安住了。我們的心「泯然明淨，名欲界定」，觀察三性不可得，任運自住真如，心自然泯然，很光明很清淨，這是欲界定。以上是欲界定的境界，對各位來講應該是很容易。

我們觀察三性不可得時，在這剎那中任運，在彈指之間自然而住真如，其心泯然明淨。這是在剎那間得的，但是這要看大家破得清不清淨、清不清楚，就像違章建築拆得好不好，所以叫「觀察三性不可得」。智者大師是大修行人，指導我們修行時，沒有一句多餘的話，每一句話都是指導我們進入甚深修證境界很深、很好的教授，每一句話都在導引我們進入甚深禪定，所以我們應該要對此產生感恩之心。

「於此定後心」，在欲界定之後的後心，「依真如法心，泯然入定，與如相應，如法持心，心定不動，泯然不見身、息、心三法異相，一往猶如虛空，故名如心，即是通明未到地也。」這裡面有不定相，但是先依此來說。我們現在心泯然明淨，自住真如，所以說以此定後心，依真如法心，它不是向外發，而是向內更明淨。我們在這定境後，其心泯然明淨，名欲界定，在自住真如之後，於此定後心，依真如法心，不是起心向外，而是明淨更明淨。

我們心的起動有兩者：一種是向外，一種是向內；一種是起動後更動，一種是起心更淨，這都可能。所以，禪在自在方便，在起心動念，所以起心動念，也可以是起心動念更寂靜，有什麼不可以？誰規定不可以的？我們不要依自己的思惟習慣去想事情。所以說在這邊定後心，依真如法心，泯然入定，依於更寂靜的境界更入定了。

「與如相應」，這時候與空就相應了。「如法持心」，這和前面是不一樣的。「其心任運，自住真如」，這是「自住真如，其心泯然明淨，名欲界定」，而「依真如法心，泯然入定，與如相應，如法持心」，如就是空，如法、空反持我們的心。「如法持心，心定不動」，這境界更深了，「心自住真如」和「如法持心」是不一樣的。如同我到某某人家裡住，這是我去那邊住，同樣是住，對某某人而言，那是他家，他本來就住在這裡，所以你離開你家，叫「離家出走」，我從你家出去，人家不會說我是離家出走。如果是你自己的家，你出去之後自然會有一股力量把你拉回來，如果不是自己的家，即使離開也沒有那種力量抓我回去。「如法持心，心定不動」，這個「持」字的意義就在這裡。

此時，在定境中如果要生起妄念，會有一股力量使你自然安住，這就是定法持心，就如同有螺紋的杯蓋旋住了杯子，旋緊之後就不易掉開。

「心定不動，泯然不見身、息、心三法異相」，這時候泯然不見身、息、心這三法相異的現象，「一往猶如虛空，故名如心，即是通明未到地也」。但是，在這邊一般過去所講的未到地相；像隨息觀會看到內臟三十六物，這邊為什麼沒有提到呢？所以這其中有不定相。

有時候在根本禪發這個禪定，有時候在未到地定發起。有時候因為傳承不一樣，所以說法有些差別。譬如沒有講未到地境界者，有時候是把未到地定境界攝入初禪來說，或是不攝入初禪，這都可以，重點是我們有沒有證得這樣的境界。

【問與答】

問：在這邊所謂的「其心泯然明淨」，這時還是有心？

答：都還是有心。

問：但是前面講「自觀心如」時，甚至於觀色如時，「爾時心無分別，即達色如」，那時已是「心無」了。

答：是「心無分別，即達色如」。

問：次觀心如是進一步了，「此心藉緣而有，生滅迅速，不見住處，亦無相貌，但有名字，名字亦空」，換句話說，是不是連心都空掉了，才是它所定義的如心、心如？

答：它都是一個觀想方便，還不是證量。

問：可是那時在觀想明明是這樣……。

答：你是這樣了解啊！你這樣了解的話就代表你還沒有證入。

問：因為它說還有心嗎……？

答：還在用心思惟，還在用心思惟分別，但是你有這樣的了解，你認為是這樣子，你已經知道名字亦空，所以達到心如，但你這還是在分別思惟當中，只是已把錯誤的思惟清除掉了。如果就這樣的境界來講還沒到六妙門「還」的境界，也還沒「淨」，所以就算了，還不是，都只是一種方便。

問：所以它這邊明證相講的所謂「泯然不見身、息、心三法異相」，根本就不見這個，這也只是想而已？

答：對。但這裡面也可能是證。如果是證的話，就是直接證金剛喻定，直接引證開悟，有此可能。但一般而言，如果沒有特別說的話，都是要繼續修時，這只是一個方便。

問：如果沒有開悟的話，它可以是身、息、心三者泯然，不見三者異相？

答：泯然，你感受到，這是一種覺受，還不是證量。

問：證量和覺受不一樣？

答：不一樣。如果一樣的話，連心亦不可得，怎麼還會有泯然不泯然的？但這裡要依於通觀去講，因為它有時分別的語詞相似性太大了。

問：這樣看起來它的未到地定境界似乎很高很高了。

答：對，這未到地定的境界很高，是真的很高，不是假的很高，跟以往的禪法比起來高太多了。有沒有發覺？以前你們可能有人曾修過，但不太清楚，今天比較清楚了。

二、解明三種世間的現象

次釋初禪發相，如前引經說，此應具釋五支證相。今先據覺支為本，覺義既成，釋餘四支則從可見。所以經言：覺、大覺。覺者，覺根本禪，覺觸發相，故名為覺。此事如前說，但輕重有異。大覺者，豁然心目開明，明見三事發相，名為大覺。此傍釋未是正意。

復次，今當分別覺、大覺義。所言覺者，覺世間相也。大覺，出世間也。此即對真俗二諦釋之，亦有漏、無漏，義意在此。

今明世間則有三種：一、根本世間，一期正報五陰是也。二、義世間者，知根本之法與外一切法，義理相關也。三、事世間者，發五通時，悉見一切眾生種類及世間事也。世間既有三種，出世間對世間亦為三。所以者何？眾生根有下、中、上，利鈍不等，是故雖同證此初禪，境界淺深其實有異，故須約三義分別證初禪不同。

覺，覺是覺根本禪，覺觸發相，所以叫覺上根本禪的覺十六觸發，就稱為覺。

觸發相是指十六觸發，十六觸發是由地、水、火、風四相發起十六觸。地、水、火、風四相各自有地、水、火、風四相，所以叫十六觸，故為覺。大覺是豁然心目開明，明見三事發相，就是心、息、身三者一如。

「復次，今當分別覺、大覺義。所言覺者，覺世間相也。大覺，出世間也。」智者大師如此解說：覺是覺世間相，大覺是覺出世間相；世間是俗諦，出世間是真諦。「此即對真俗二諦釋之，亦有漏、無漏，義意在此。」通明禪是屬於亦有漏、亦無漏禪，亦有漏是世間禪，無漏是出世間禪，意義在此；覺是覺世間，大覺是出世間。

世間可分為三種世間：第一種是根本世間，第二是義世間，第三是事世間。

「所謂根本世間，一期正報五陰是也」，「根本世間」就是指我們這一期生死，指我們色、受、想、行、識這五蘊的一期生死，這一期生死叫五蘊，一期正報五陰也，這是根本世間。「義世間者，知根本之法與外一切法，義理相關也。」義世間是了悟一切根本，我們這五陰根本之法與外在一切的法，相關的義理，相關的世間，稱之為義世間，這是世間成就的理論。「事世間」指發起五通的時候，悉見一切眾生種類及世間事。事世間就是發起五通的境界，發起神通境界。

「世間既有三種，出世間對世間亦為三。所以者何？眾生根有下、中、上，利鈍不等，是故雖同證此初禪，境界淺深其實有異，故須約三義分別證初禪不同。」世間因為有根本世間、義世間、事世間三種，所以出世間對世間也有三種。為什麼呢？因為眾生的根器有上、中、下三種，利鈍各有不同，所以雖然同證初禪，但是境界深淺其實有所不同。即使同樣證得通明禪的初禪，境界還是有所不同。這裡面就如同經中所說：阿羅漢所證得的三昧證量，一切世間眾生不知，但大阿羅漢能夠周知。阿羅漢的證量，像目犍連這種大阿羅漢，他可以了知其他阿羅漢的境界，但是其他阿羅漢就未必能了知目犍連的境界。

同樣的三昧境界，雖然同住初禪，但是目犍連所證的初禪，其他的人大多不能完全了知。舍利弗所證的境界，目犍連不能了知，只有舍利弗和佛能夠了知，佛所證的初禪境界，只有佛自身了知，一切舍利弗等諸大羅漢都不能了知。所以同樣境界本身，由於智慧的深淺不同，所以了知也不同，最主要是在智慧差別。如果兩個人禪定的力量都一樣，但是其神通變化的大小還是有差別，端看個人智慧深淺，智慧愈大，神通愈大。舍利弗和目犍連的神通誰比較大？舍利弗比較大。為什麼說目犍連神通境界第一呢？因為舍利弗已經算智慧第一，不能再算了，否則十個第一都是他。

有一次，佛陀講經時，目犍連聽得很歡喜，想找舍利弗一起來聽，就以天眼觀察，看到舍利弗在縫衣服，目犍連馬上用神通出現在舍利弗處，對舍利弗說：「舍利弗呀！佛陀在講經，我們趕快去聽吧！」舍利弗說：「別忙！別忙！我把衣服縫好再去吧！」目犍連說：「不要縫了，我用神通的力量，一下子就弄好了。」舍利弗覺得目犍連好像自視神通很厲害，就問他：「你是不是自視神通很厲害？你如果能夠做一件事，我就馬上跟你去。」舍利弗就把衣服丟在地上說：「如果你能夠把它拿起來我就跟你去。」

這時候目犍連想：「我能夠把一座高山像玩具一樣拿起來，這小小的衣服算什麼呢？」就去提衣服，結果提不動，到最後用大力神通來提，結果造成大地震，甚至連佛陀講經的地方都感覺得到。大家覺得很奇怪，就問佛陀，佛陀說：「目犍連在提衣服。」大家覺得更奇怪了，提衣服和震動有什麼關係呢？

從這個例子看起來，舍利弗的神通比較大，智慧還是了不得的。所以說禪定的神通比不上智慧的神通，佛法還是以智慧為中心。所以利鈍不同，同證此禪，境界淺深其實有異。現在用三種不同的義理，來分別證初禪不同。

三、通明禪根本世間的初禪境界

第一、先釋約根本世間、出世間，明覺、大覺五支，成初禪之相。即為二意：第一、先明初禪發相，第二、即釋成覺、大覺五支差別之相。

第一、先明初禪發之相，即為三意，品次不同：一者、初發，二、次，三、後。

一、初發相。行者發初禪時，即豁然見自身九萬九千毛空疏，氣息遍身毛孔出入。雖心眼明見遍身出入，而入無積聚，出無分散，來無所經由，去無所履涉，即見身內三十六物一一分明。三十六物者，諸髮毛、爪齒、薄皮厚皮、筋肉、骨髓、脾腎、心肝肺、小腸大腸、胃胞膽、屎尿垢汗、淚涕、唾膿、血脈、黃痰白痰、癊肪𦙶、腦膜。此三十六物，十是外物，二十六是內物；二十二是地物，十四是水物。已見風、水、地相分明，復覺諸物各有熱氣煎煮，火相分明。觀此四大猶如四蛇同處一篋，四大蚖蛇其性各異，亦如屠牛之人分肉為四分，諦觀四分各不相關，行者亦爾，心大驚悟。

「第一、先釋約根本世間、出世間，明覺、大覺五支，成初禪之相。」就是分別根本世間和出世間，來闡明覺和大覺五支。「即為二意：第一、先明初禪發相，第二、即釋成覺、大覺五支差別之相。」先說明初禪的發相，再來解釋成覺、大覺五支的差別相。「第一、先明初禪發之相，即為三意，品次不同：一者、初發，二、次，三、後。」它分成初發、中間，然後到最後。

㈠ 初證初禪的境界

「行者發初禪時，即豁然見自身九萬九千毛孔空疏，氣息遍身毛孔出入。」我們身體的毛孔有幾個？是九萬九千個嗎？有沒有人數過？頭髮有幾根？在經典中的記載各有不同，有些是說七萬二千毛孔，像脈有說八萬四千脈者，也有說七萬二千脈者，說法各有不同，到底那一個才對呢？我想這不是重點所在，經典的講法並不是很精細，如果有人證得禪定，看見很多毛孔，即使有很大的禪定力也不太可能會去算它，所以說這九萬九千只是個約數，而不是確證為多少。

甚至是不是每一個人的毛孔都一樣多？有些人的毛孔比較疏，有些人的毛孔較密，有些人的頭髮較粗，一個毛孔等於一般人兩個毛孔大，要算一個還是算兩個呢？經典上記載的只是大概的數目，大家不要看它和現代生理學所寫的不符合，就說它沒有價值。在證得初禪時會看到毛孔，這和我們平時看到的不同，是看到毛孔的洞，看到整根寒毛，連毛都是中空的。

「氣息遍身毛孔出入」，這時氣息遍身從毛孔中出入，這就是前面剛開始的時候所談到的。證到這個境界時，有時鼻孔的呼吸會停止，從毛孔中出入，這是細孔道，有時會從肚臍，有時是和鼻子的呼吸同時有，或是鼻息停止只從毛孔或肚臍呼吸。如果連毛孔息也停止的話，就是四禪以上的境界。

「雖心眼明見遍身出入，而入無積聚，出無分散，來無所經由，去無所履涉」，就是心眼明見這遍身出入，入沒有積聚，出沒有分散，來無所經由，去無所履涉，這時候自然會看到身內三十六物。不是要去觀，這時已經沒有什麼觀不觀的，是現前看到的，看到身內三十六物，一一分明。三十六物是「諸髮毛、爪齒、薄皮厚皮」，這裡的「薄皮厚皮」是指薄的皮、厚的皮，是皮膚的兩層，外皮和內皮。還有「筋肉、骨髓、脾腎、心肝肺、小腸大腸、胃胞膽、屎尿垢汗、淚涕、唾膿、血脈、黃痰白痰、癊肪冊、腦膜」。以上三十六物是大概的分類，三十六物可能是印度的說法，或者是中國的醫學常識，可以仔細查一查。

智者大師很多的看法都是引用中國的，中國的看法居最主要。智者大師沒有把這些東西特別發展出一套架構理論，在西藏的話，類似這種看法發展出一套理論之後，就變成了修法，最後卻變成好像不這樣修就不對。印度是不是這樣修呢？其實也不見得，但是有這樣的傳承，如此修就是合理的，這並不是說不如此修就不能夠成就。如果將智者大師這些東西建構一套理論的話，會成為很細密的氣派之修法。

在這三十六物當中，十種是外物，二十六種是內物。也就是說，十種表皮的，二十六種是裡面的；二十二種是屬地大，十四種水大，這中間有氣息流轉，所以會發覺風大清楚、水大清楚、地大清楚，風、水、地三相很清楚。「復覺諸物各有熱氣煎煮，火相分明」，這裡面有熱度，「熱氣煎煮」

不是「煎」，而是指相互之間有熱度，有熱量傳動，也就是火相。「觀此四大猶如四蛇同處一篋，四大蚖蛇其性各異」，就像四隻蛇在一個篋子當中，它們轉來轉去，互相侵入，互相轉動，性質各異。

以蛇為例，要先了解印度傳統對生命能量的看法，憤怒母本身就是蛇，以蛇為象徵，轉動一個生命能量的根本。佛教也引用這樣的象徵，所以這裡引用四大蛇代表地、水、火、風四大元素。四大蛇各有屬性，可以產生作用，像拙火，特別是用火大的蛇，陰陽對待，水火對待，有時用四大，有時只有用二大而已。這四大蛇互相之間來轉動，像《金光明經》裡面講初禪是：火風二蛇向上，地水二蛇向下，在初禪時我們身體的這四大屬性能夠清楚的歸類，能清楚的調整，而不是混淆不清，初禪也有這樣的境界。

「亦如屠牛之人分肉為四分，諦觀四分各不相關，行者亦爾，心大驚悟。」就像殺牛的人，把肉分成四份，就好像說自己把自己當作是牛，殺成地、水、火、風四份，各不相干，大家看了會不會感覺很奇怪？這時候如果要修法，要怎麼修呢？這句話可以轉成修法，就是把自己變成屠牛者，拿著一把刀，開始將自己分成四份，光這句話就可以發展成修法的儀軌，絕對象徵的修法儀軌。屠牛士將自己分成四份，要超越牛的話，也可觀想自己成為大威德金剛，把牛的頭摘下來變自己的頭。這些理是緣起和法性關係的作用。只懂得緣起而不懂得法性，或者是只懂得法性而不懂緣起的作用，如此都不能證得大菩提。

如果能分清楚的話，心大驚悟，心會突然了悟，對自身不生執著，對他人也不生執著。

復次，行者非但見身三十六物，四大假合不淨可惡，亦覺知五種不淨之相。何等為五？一者、見外十物相不淨，心生厭患，是名自相不淨。二者、見身內二十六物，內性不淨，是名自性不淨。三者、自覺此身從歌羅邏時，父母精血和合以為身種，是名種子不淨。四者、此身處胎之時，在生熟二臟之間，是名生處不淨。五者、及其此身死後，捐棄塚間，壞爛臭穢，是名究竟不淨。當知此身從始至終，不淨所成，無一可樂，甚可厭惡。我為無目，忽於昔來，著此不淨臭爛之身，造生死業，於無量劫，今始覺悟，悲喜交懷。五種不淨，如《摩訶衍論》廣說。

復覺定內心識，緣諸境界，念念不停，諸心數法相續而起，所念相異，亦復非一，是名初禪初證之相。

「復次，行者非但見身三十六物，四大假合不淨可惡，亦覺知五種不淨之相。」現在行者不但看到了自己本身的三十六物，原來是四條大蛇混在一起所玩出來的遊戲，不淨可惡。也覺知五種不淨相，這五種不淨之相是什麼呢？

「一者、見外十物相不淨，心生厭患，是名自相不淨」，見到身體外十物的現象不淨，頭髮、毛爪、皮等等這些外事物不淨，此時就不會執著身體，會心生厭患，這是自相不淨。

第二種不淨是「見身內三十六物內性不淨，是名自性不淨。」我們看看自己體內的心肝脾肺、大腸小腸，內性不淨，所以稱為自性不淨。以上兩種不淨，是由現象上推演出來的兩種不淨。

第三種不淨是「自覺此身從歌羅邏時，父母精血和合以為身種，是名種子不淨。」這是觀察之前不淨的東西來源。這些都是從生命發起的初分，即受精卵開始，意識和受精卵結合在一起，名色相生，父母精血和合以為身種，所以我們的種子不淨，一開始我們的種子就不清淨了，這是第三種不淨。

第四不淨是「此身處胎之時」，從最初的種子不淨，往後推演，「在生熟二臟之間，是名生處不淨」。

第五種不淨是「及其此身死後」，往後推想，「捐棄塚間」，死了之後在墳墓中，「壞爛臭穢，是名究竟不淨」。

以上五種不淨是指：一、自相不淨，外相不淨，二、內性不淨，自性不淨，三、種子不淨，一開始就不淨，四、生處不淨，處胎不淨，五、究竟不淨淨，從生到死都是不淨。所以「當知此身從始至終，不淨所成，無一可樂，甚可厭惡。」我們的身體從開始到結束，都是不淨所成就的，沒有什麼可樂著，實在十分令人厭惡。

「我為無目，忽於昔來，著此不淨臭爛之身，造生死業，於無量劫，今始覺悟，悲喜交懷。五種不淨，如《摩訶衍論》廣說。」意思就是：我實在是沒有眼睛就像瞎子一樣，盲人還有自知之明，我們卻是當睜眼瞎子，可憐！過去執著不淨、臭爛的身體，在無量時間中造成無量的生死業，現在才開始覺悟，這時感覺到悲喜交懷。這五種不淨，在《摩訶衍論》裡有廣說。

「復覺定內心識，緣諸境界，念念不停，諸心數法相續而起，所念相異，亦復非一，是名初禪初證之相。」這時候會覺得定心內識，緣諸境界。這時定心與內識能夠跟境界相應，因為這時候的覺觀意識很強、很大，所以能夠發覺到各種境界，各種身內的境界。這時念念不停，心數法相續而起，所念相異，所看到的眾相都是不同的，許多眾相都能很清楚的觀察到，此即初禪初證的現象。

(二) 中證初禪的境界

再來討論初禪中間證相：

次明中證相。

行者住此定內，三昧漸深，覺息後五臟內生息相各異，所謂青、黃、赤、白、黑等，隨臟色別，出至毛孔。若從根入，色相亦不同。如是分別，氣相非一。復見此身薄皮、厚皮膜肉各有九十九重，大骨、小骨三百六十，及髓各有九十八重。於此骨肉之間有諸蟲，四頭、四口、九十九尾，如是形相非一，乃至出入、來去、音聲、言語亦悉覺知。唯腦有四分，分有十四重。身內五臟，葉葉相覆，猶如蓮華，孔竅空疏，內外相通，亦各有九十九重。諸物之間亦各有八十戶蟲，於內住止，互相使役。若行者心靜細時，亦於定內聞諸蟲語言音聲，或時因此發解眾生言語三昧。身內諸脈，心脈為主，復從心脈內生四大之脈（一大各十脈，十脈之內一一復各九脈，合成四百脈）。從頭至足，四百四脈內悉有風氣血流相注，此脈血之內亦有諸細微之蟲，依脈而住。行者如是知身內外不實，猶如芭蕉。復觀心數，隨所緣時，悉有受、想、行、識，四心差別不同。

再來是中證相，這不是想出來的，而是實際看到的。「行者住此定內，三昧漸深」，行者安住在定裡面，三昧愈來愈深，禪定的境界愈來愈深。

「覺息後五臟內生息相各異，所謂青、黃、赤、白、黑等，隨臟色別，出至毛孔。若從根入，色相亦不同。如是分別，氣相非一。」這是說明三昧境界愈來愈深時，就會發現不只是會看到這些內臟，而且「覺息後五臟內生息相各異」，覺察這五臟之內所出生的息相都是不同的，這裡面就發展出中國式的五大、五方，這和西藏的五方佛不同。

中國後來發展出來的五方佛和東密的五方佛、藏密的五方佛不一樣，中國的五方佛，除了原有的從印度來的系統之外，又加上中國的五行想法，所以有兩套系統融合，因此五方佛的顏色有很多種。有人說北方是綠色的，有說是黑色的，如五輪塔在藏密中，風一定是綠色的，中國的東密則是黑色。綠色的是一種傳承，黑色是另一種，但也有人感覺黑色不好，否則古傳的風一定是黑色的，如黑風吹入羅剎國。

「所謂青、黃、赤、白、黑等，隨臟色別」，可以說是五臟的顏色有別。「出至毛孔」，五臟的生息，息相現起了，隨內臟不同，息相也不同。「若從根入，色相亦不同」，若從我們的諸根趣入，鼻根或舌根等各地方趣入，這其中較難到達的地方就是我們的五臟六腑。這套系統很龐大，因為這些東西和中國結合很深，其中有些是來自善無畏的一本經，內容講摧破地獄的三種方法，他引用了整個印度密教的體系，直接加上中國的五行、五臟的說法。所以善無畏所開展出來的內容，已經有了這樣的系統存在。但是也有人反對這本經是善無畏所著的，而認為是中國人寫的，這很難斷定，因為內容上並沒有多大的問題。

五方的說法，本來是一種文化性的說法，因為中國的文化和印度的文化不同，它的思惟方法也不同。中國講金、木、水、火、土，印度的傳承是地、水、火、風、空，地水火風也不僅僅是印度而已，在非洲或古基督教、希臘都有這種說法。現在我們所看到的基督教中，很多東西已經失傳了，基督教裡面也有密教，基督教的密教裡大量運用這種東西，在梵蒂岡或教堂中，可以看見很多彩色玻璃，光線從中投射下來，這也是一種曼荼羅形象。但在中世紀，基督教密教被視為異端，被迫害殆盡，因此很多基督教密教就愈來愈祕密了，這是有其文化傳承意義的。

但是密教與文化傳承沒有特別的關係，密教本身在任何文化中都可能產生，它的具體象徵主義和它的神祕化，從理到事，絕對可以結合。問題在於它是否以空性為根本，如果是從空性來的話，是屬於佛教的；如果是從大梵來解說的話，是屬於印度教的，其他的解說就更弱了，中國則屬於道家的系統。

兩個系統碰在一起時，必須處理中間的不同，這中間的不同有其傳承的差異，所以後來變得很複雜，傳承有其緣起的關係，雖然法性是一樣的，但是它有很多東西都是來自緣起。東方為什麼屬水？不一定的，像中國東方就不屬水，而是屬木。

所以說現在在修這些法門，有很多人都只知其一而不知其二。密教的金剛界和胎藏界明顯是兩套傳承，只是這兩套傳承遇在一起，就必須統一，要統一就必須要講很多理由來會通。五方佛方位不一樣怎麼辦呢？為了要統一，就要說這是因為怎麼轉，但那裡會轉那麼多？根本問題就是兩個系統不一樣，兩個傳承不一樣，兩個修行者修證的成就也會不同。體性是一樣的，但因為在意識深層，它的緣起不一樣，所以現起不一樣。本來是修任何法都可以成就的，但是有一天有一個人要集大成，修到最後必須會通，只好以解說的方式來融合。

東密的毘盧遮那佛在胎藏界的手印和金剛界的手印是不同的。法一定是愈傳愈複雜，傳到有一天終於有人受不了了，就把所有的法本都燒掉，重新再開始。光是智者大師這套系統，就可以發展出很多體系。

所以「青、黃、赤、白、黑等，隨臟色別，出至毛孔。若從根入，色相亦不同。如是分別，氣相非一」，修到通明禪觀的初禪中證相，可以看到五臟六腑氣息的不同顏色，但是在鼻端同樣混成白色。就像太陽光一樣，紅、橙、黃、綠、藍、靛、紫，七色合成一色，一色可分出七色。「復見此身薄皮、厚皮膜肉各有九十九重」，因為這禪觀太利了，「大骨、小骨三百六十，及髓各有九十八重。於此骨肉之間有諸蟲，四頭、四口、九十九尾，如是形相非一，乃至出入、來去、音聲、言語亦悉覺知。」以上的數字部分並沒有絕對性，只是說明有這些現象，體內的蟲真的有聲音，可以聽得見。「唯腦有四分，分有十四重。身內五臟，葉葉相覆，猶如蓮華，孔竅空疏，內外相通，亦各有九十九重。諸物之間亦各有八十戶蟲，於內住止，互相使役。」這些細菌也有領袖、組織。這些和道家的系統有些相仿。

接下來很有意思：「若行者心靜細時，亦於定內聞諸蟲語言音聲，或時因此發解眾生言語三昧」，行者在定內聽到這些聲音，會突然了解這些聲音的意思，就可以發「解眾生言語三昧」。

「身內諸脈，心脈為主」，在身內所有的脈中，以心脈為主，這建立了脈道觀，這脈道觀是來自於《請觀音經》。「復從心脈內生四大之脈」，心脈中分出地、水、火、風四大脈，一個大脈又分出十小脈，十脈再分出各有九脈，所以合起來總共有四百脈。「從頭至足，四百四脈內」，講的就是四百脈，四脈分出一大各有十脈，十脈、百脈，四百四脈。中間「悉有風氣血流相注」。

在佛法的觀念裡，風是宇宙的動能來源，宇宙動相是來自風，所以血要流注，要有風氣，所以心有心風，心風動，心脈動，命就終，因此心脈的心氣，心的初始之氣要注意。在修頗瓦法時要注意，在心輪之間，如果來自父親的精分和來自母親的血分凝結，若這時沒有注意，神識就會離開，所以修頗瓦法不要光開不封，這會短壽，會有脈停滯的現象。有些人心性浮動太過，移動心脈，有時突然之間就死了。

這種概念是很抽象的，可以打個比喻，就像心王騎著心馬，心馬就是風，心風促使心王和心識相和。有人也許會說這種講法不合乎現代的科學，我們要知道：科學是現代可理解的一套過程，但是它背後也是一套思惟的體系，以特定的眼光、方法來作檢證。所以我們不能認為這樣的東西，不能發展出合乎現在客觀科學的東西，只能說現在它的發展，在現代不是一個主流。

「此脈血之內亦有諸細微之蟲，依脈而住」，如果沒有經驗的人，怎麼會看到這些東西呢？血脈中有諸蟲是什麼意思呢？肉眼是看不見的，要在有證量之後才會明證。在初禪中所觀察到的現象，它並沒有做一種客觀地以我們現在這種科學式的計量處理，基本上我們不必把它當作現代客觀科學來處理，而是用主觀修行的證量，所以描寫就沒有如同現在科學計量那麼清楚。這點我們要同情，也要了解其不可思議。

「行者如是知身內外不實，猶如芭蕉」，這裡我們可以回到前面所言：「身內五臟，葉葉相覆，猶如蓮華，孔竅空疏，內外相通，亦各有九十九重。」現在這裡說：「行者如是知，是知身內外不實」，內外是不實在的，好像芭蕉中空一樣。一個現觀的境界，能幫助我們、輔導我們成證一個無常的現觀，幫助我們徹見實相。「復觀心數，隨所緣時，悉有受、想、行、識四心差別不同」，色是如此，再觀察心隨我們所緣的現象時會如何？都有受，都有想，都有行，都有識，這四心的差別不同。受，感受亦為覺受，想是思惟，行是意志，識指了別、涵容。

一般來說，中脈的心輪有八輪，但是有時是四脈直接轉心脈，這說法是不是都有道理呢？某些傳承的說法本身，它的建立可能是在事實方面，也可能是在方法上面；有時是直接超越這身相之後，把它當作如觀之後，再重新起觀，觀察出一個佛身出來。這些我認為有再一步探知的必要，所以有時間我們可以來討論脈相觀，把現有的資料整理，目前似乎沒有人做這個工作，都只是講自己傳承的東西。事實上，光是藏密的傳承就有很多的不同傳承，甚至有些人還認為中國有談到這個，當然有，佛經中也有，像《請觀音經》就是，可以再做進一步研究。

以上是說明通明初禪中證之相。

(三) 後證初禪的境界

三、明後證之相。行者三昧智慧轉深淨明利，復見氣息調和，同為一相，如瑠璃器，非青、黃、赤、白，亦見息之出入無常生滅，悉皆空寂。復見身相，新新無常代謝。所以者何？飲食是外四大，入腹資身時，新四大既生，當知故身隨滅。譬如草木，新葉既生，故葉便落，身亦如是。愚夫不了謂是惜身，智者於三昧內，覺此身相，無常所遷，新新生滅，空無自性，色不可得。復各一念心生之時，即有六十刹那生滅。或有人言六百刹那。生滅迅速，空無自性，心不可得。

通明初禪後證之相，「行者三昧智慧轉深淨明利，復見氣息調和，同為一相，如瑠璃器，非青、黃、赤、白」，這時的息是透明的，一開始的時候，五大光明沒有現起，在中證時五大光明現起，在後證時，五大的光又消融為一色，法性光要現起了，可以這樣思惟。「亦見息之出入無常生滅，悉皆空寂。復見身相，新新無常代謝。」我們的身體如瑠璃器一般，非青、黃、赤、白，也能看到息的出入，無常生滅都是空的、緣起的，身相新新，無常代謝。

所以我們的飲食是外界的四大，「入腹資身時」，入腹來讓我們吃的時候，產生新的四大。新的四大生起的時候，舊的四大就隨滅了，所以刹那、刹那的生滅，就能起現觀。「譬如草木，新葉既生，故葉便落，身亦如是。」就像草木，新葉長出來，舊葉就消落了，我們的身體在七年當中，所有的細胞都重新生成，七年之後體內也找不到舊的細胞。「愚夫不了，謂是惜身，智者於三昧內，覺此身相，無常所遷，新新生滅，空無自性，色不可得。」愚癡的人不了解，愛惜此身，智者在三昧的境界裡面覺察到身相是無常所變化的。

「復各一念心生之時」，我們一念心生的時候，「即有六十剎那生滅」，也有說六百剎那。一念心生的時候，六十剎那、六百剎那過去了，生滅迅速。「生滅迅速，空無自性，心不可得」，所以在這時候會看到念念生起，念念滅除，心起心落，心落心起，就像萬花筒一樣，就像滿天的煙火，那時會覺得自己以前真是愚癡，竟然執此為我。身體喀哩咔啦，怎麼這樣呢？細胞開了，細胞又謝了，心念啪啪啪地，好忙啊！這時還會染著嗎？

以上是通明禪初證、中證、後證三相。

通明禪初禪能夠證得這個境界，當然不是前面這些修隨息觀、數息觀的人能了知的。就像有些生活很乏味的人，跟他說台北有很多表演活動，他不相信；即使同住在台北，有些人可以看到台北的天空，但有些人看不到。

(四) 初禪五支成就的境界

1 覺支

第二、明釋成覺觀五支之相，即為五：第一、釋覺支。經說覺支云：覺、大覺，思惟、大思惟，大思惟觀於心性。約此五句以明覺相。今先釋覺、大覺二句，此約世間、出世間境界分別，故有此二覺之異。世間境即是異相，出世間境即是如相。此之如異，即是真俗二諦之別名也。今約觀門淺深易見。今當具依《摩訶衍》分別。論云：有三種上中下，如異既有三種，覺、大覺亦應為三也。論意分別假名為異。分別四大實法同體，名為下如。

分別地大，異餘三大，名為異；同一無常生滅不異，名次如。無常生滅，名為異；生滅即空無異，名上如。今即約禪為下、中、上品，明觀門淺深之相。

「第二、明釋成覺觀五支之相，即為五：第一、釋覺支。經說覺支云：覺、大覺，思惟、大思惟，大思惟觀於心性。約此五句以明覺相。」用覺、大覺、思惟、大思惟、大思惟觀於心性，來解釋覺相，初禪的覺支。「今先釋覺、大覺二句，此約世間、出世間境界分別，故有此二覺之異。」覺是覺世間，大覺是覺出世間，因為境界的分別，所以有這兩個覺的差異。

「世間境即是異相，出世間境即是如相」，如是空，異是世間差別。「此之如異，即是真俗二諦之別名也」，所以如異是真俗二諦的別名，世間是俗諦，出世間是真諦；異相是俗諦，如相是真諦。

「今約觀門淺深易見。今當具依《摩訶衍》分別」，現在要從觀門的淺深來分析，要依《摩訶衍》來解說。「有三種上中下，如異既有三種，覺、大覺亦應有三種」，有三種上、中、下的如和異。

「論意分別假名為異。分別四大實法同體，名為下如。分別地大異餘三大，名為異；同一無常生滅不異，名次如。無常生滅，名為異；生滅即空無異，名上如。」這是上、中、下三如。「今即約禪為下、中、上品，明觀門淺深之相。」現在用上、中、下三如來分。首先能夠分別假名為異，能分別種種假名之異，分別四大實法同體，能分別地、水、火、風四大雖是同體而有異相，名為下如。能夠了悟到它的分別，也能夠了悟到它的同，這是「下如」。

首先是分別假名，再來是「分別地大異餘三大，名為異；同一無常生滅不異，名次如」。再來分別更深的，剛才是分別四大實法同體，現在把這四大實法再分別。地大，和其他的水火風三大不一樣，同樣的這四大可以互異，但是都是在同一個無常生滅當中不異，這是「次如」，是更深的思惟，更深的觀慧。而「無常生滅，名為異」，生滅就是現空無異，所以是「上如」。

「如」可分成三個境界了，它是一環套著一環，先分別假名，知道它是異，然後分別四大實法，它的體性是一樣的，這是下如。但是這四大實法同體，原來就是地、水、火、風這四個，外相雖不一樣，但它同樣是無常生滅的，是中如。這無常生滅是異的，生滅的體性是空的，哪有什麼無常生滅！這是上如。這是悟境深淺的不同，也可以這邊開出小乘、大乘的不同。

第一、先明下品覺相。覺氣息入出，青、黃、赤、白諸色隔別，名為覺；覺此諸息同一風大無異，名大覺。次覺三十六物隔別，名為覺；覺餘三大無有別異，名大覺。覺於心數非一，名為覺；同是四心無異，名大覺。

第二、明中品覺者，息是風大，名為覺；覺息生滅無常，名大覺。覺餘三大各別，名為覺；覺同一無常生滅不異，名大覺。覺四心差別不同，名為覺；覺無常生滅不異，名大覺。

第三、明上品覺者，覺息無常為異者，此息為八相所遷，故無常。何等為八相？一、生，二、住，三、異，四、滅，五、生生，六、住住，七、異異，八、滅滅。此八種相遷，法體別異非一，名為覺；覺息本空寂，無八相之異，名大覺。覺餘三大各有八相別異，名為覺；覺餘三大本來空寂，無八相之異，名大覺。覺心八相所遷，別異非一，名為覺；覺心本來空寂，無八相之異，名大覺。所以者何？若心即是八相，八相即是心者，則壞有餘相。所以者何？今息色亦即是八相，八相亦即是息色，八相無異故，息、色、心三事亦應無異。若爾，說心時，即應是說息、色。今實不爾，壞亂世諦相故，如人喚火，應得水來。說心一向即是息、色，過同於此。

復次，若離心有八相，離八相有心者，此則心非八相，八相非心；若心非八相，則心但有名無相，無相之法，是不名心。若八相離心，八相則無所遷，即不名八相，八相無所相故。如是審諦求之，則心與八相本自不有，亦不依他有性，性如虛空，無一異相，故名大覺。覺前息、色，一一亦當如是分別。此則略說上品覺、大覺之相。

首先，先明下品覺相。「覺氣息入出，青、黃、赤、白諸色隔別，名為覺。」我們這時候氣息入出，青、黃、赤、白各種色相不同，這是覺。在打坐時，忽然間觀察到，呼吸中有青、黃、赤、白各種相不一樣，這叫覺，這是世間相，因為是現象的分別。再來大覺是指覺察這些息相，各種顏色的息相，同一風大無異，名大覺，皆是風大所成。異跟同，異是差別世間相，同是根本相，是總相，是根本智慧，所以說覺、大覺。同一風大無異，名大覺。這是下品的覺相的第一個了知，覺察呼吸的顏色。

接著覺察三十六物隔別，名為覺。再來覺察我們整個內臟，身體的各種臟腑，三十六種物都是隔別的，這叫覺。「覺餘三大無有別異，名大覺」，先是覺察到風大，再來是覺察到身體中的三十六物，地、水、火三大的隔別，也就是三十六物的隔別。但同是地、水、火三大無有別異，叫大覺。

「覺於心數非一，名為覺」覺察到整個心念生起，一念相應，一念生心，一念相應，一念生心，一個緣一個生心，很清楚自己心念的變化，這叫覺。結果再發覺到同是受、想、行、識這四心無異，這是大覺。

再來是中品的覺相。「息是風大，名為覺」，首先觀察到息原來是風大，所以是覺，覺察到息生滅無常，這是大覺；息是風大，和其他三大不同，叫作覺，覺察生滅呼吸變化無常，這是大覺。覺察到內臟裡面是三十六物，是三大各別，叫覺；覺察到它同是一個無常的生滅，沒有別異，叫作大覺。「覺四心差別不同，名為覺」，前面所謂的四心，是指受、想、行、識，這四心是有差別的，我們一般人沒有辦法分別受、想、行、識這四心的差異，感受跟思惟、覺察都混在一起。修到通明禪初禪的人，其感受的心、思惟的心、意志的心，都能很清楚地分別，這是中品覺。

前面的「心數非一」，指的是相應的心數法，這因緣境界現起時，就如同我們現在看到自己的內臟，或覺察到心念，每一個心念都不同，能很清楚的看到自己的心念，沒有混在一起，因為現在定力很好，所以每一個念頭起念都能看到，就如同眼力很好的人，心裡很安靜，看到了煙火，煙火起來時，一個煙火、一個煙火都看得很清楚，這就叫「心數非一」，屬於下品覺。「覺於心數非一，名為覺；同是四心無異，名大覺。」這些東西都是屬於受、想、行、識這四心，沒有差異。

【問與答】

問：此處的「覺於心數非一」，和前面的明後證之相「復各一念心生之時，即有六十剎那生滅。或有人言六百剎那。生滅迅速，空無自性，心不可得。」在這邊也是看到心念的變化非常迅速，這兩者有什麼不同？

答：前者是先釋根本世間、出世間明覺、大覺五支，成初禪之相，先明初禪發相，所以前面三者是說明初禪初、中、後證相，後證現象發起時，你所說的那是它的解說。也就是說「智者於三昧內，覺此身相，無常所遷，新新生滅，空無自性，色不可得。」這是初禪後證之覺受，證量的覺受。

問：但這後證之相前先講「氣息調和，同為一相」，這是在說息，後

「復見身相，新新無常代謝」，這是講身，再「復各一念心生之時，即有六十剎那生滅」，這是在講心，是不是可以這樣看？

答：是可以這樣講。

問：初禪明後證之相和覺支的下品覺相有什麼差異？

答：心不可得、色不可得，身亦如是，這都是總約而說。再回看後證之相的最後一段，「復各一念心生之時……」，恐怕不是如你所分，而是後證之相的輔證而已。如果這邊要一句一句校正、考證，這裡面會有很多漏洞。好比說：心不可得，現在我問你：在什麼境界之後才叫心不可得？這「心不可得」確定的名詞使用是在什麼地方？

其實，《釋禪波羅蜜次第法門》本身的文句並不是那麼一定，同樣的「心不可得」，它可能在不同的境界中都會出現，但是它代表不同的意思。不能把前面的「心不可得」和後面的「心不可得」單獨抽出來比較，這樣很難處理，必須是整面去看。事實上這裡面是雙證的。你的心能明見到這種程度，相應到此境界，了知此境界不可得，但是更上一層又有要對破的境界，每一個境界都有須對破的境界。所以說「不可得」，只是他在這個時候把它打破掉而已。

好比我們說「金剛喻定」，什麼是金剛喻定？有很多種說法，它的用法太多了。金剛是不壞義，不壞是指內在體性不壞之意，但內在體性清淨不壞又有很多種不壞，第一是相對性的不壞，如：四禪對初禪來講，四禪是金剛喻定，三禪對二禪而言，三禪是金剛喻定，到底那一個是金剛喻定？不一定，這是相對而言。

對內而言，金剛喻定是根本不壞，不退境界，指初地以上而言，境界不退，也是一種金剛喻定。初果不退，也是金剛喻定。另外，八地也是不退，但就圓滿的金剛喻定而言，只有佛陀所證才是究竟的金剛喻定。

就一般意義而言，金剛喻定指的是佛的境界，但又有人會說：「初地菩薩也有金剛喻定啊！」這是定義的問題。這樣了解嗎？我擔心大家這樣讀這個東西，讀到最後就一個一個打結了。其實，在這裡而言，心不可得還是有幾個境界。一個還是凡夫的覺受境界，一個是證量，也就是達到解脫了。

再來看上品覺、大覺。覺是世間，大覺是出世間，悟總相是大覺。「覺息本空寂，無八相之異，名大覺」，所以這息本來空寂，這八相的變化整個是泯然一味的，所以叫大覺。「覺餘三大各有八相別異，名為覺」，察覺到其餘的地、水、火三大，它都有八相的別異，地、水、火三者都有生、住、異、滅、生生、住住、異異、滅滅八種變化，這叫作覺。「覺餘三大本來空寂，無八相之異，名大覺」，察覺這根本八相都是因緣遷化而已，叫大覺。「覺心八相所遷，別異非一，名為覺」，覺察到我們的心，平時都是被這八相變化牽動，心與此相應，被它所牽動，別異非一，叫作覺。覺察到這心性心體本來是空寂的，沒有八相的差別，叫大覺。這是上品的覺。

下面解說：「所以者何？若心即是八相，八相即是心者，則壞有餘相。

所以者何？今息色亦是八相，八相亦即是息色，八相無異故，息、色、心三事亦應無異。若爾，說心時，即應是說息、色。今實不爾，壞亂世諦相故，如人喚火，應得水來。說心一向即是息、色，過同於此。」

這裡開始破一邊。在察覺心時，本來空寂無八相之異，如果心就是八相、八相就是心的話，那麼就壞有餘相。為什麼？因為這會壞其餘的相，現在息、色亦即是八相，所以說你心是八相的話，那息、色也就是八相，八相也就是息、色，八相如果沒有相異，那麼息、色、心三事也應該沒有差異，所以說心時，也就是說息、色，但是現在並不是這樣子。雖然它體性相同，但是在世諦上面有差別，如果不能了解這個的話，就會壞亂了世諦的現象，就如人家要火，結果你拿水來，「說心一向即是息、色，過同於此」，同樣有這樣的過患。

心不即是八相，但「若離心有八相，離八相有心者，此則心非八相，八相非心」，若心不是八相的話，則心只有無相，心就是名為無相，無相之法就不是心。所以「八相離心，八相則無所遷，即不名八相」，現在先說離八相有心，這心就非八相，這樣證明離心有八相，證明心如果在這樣的狀況裡面，它就是無相，但心不是無相之法，離八相而有心是不對的。

「若八相離心，八相則無所遷，即不名八相。八相無所相故，如是審諦求之，則心與八相本自不有，亦不依他有性，性如虛空，無一異相，故名大覺。」

八相離心或心離八相，這兩個雙破，八相離心，則八相就沒有一個具足力量能夠牽引，所以也不名八相。「八相無所相故。如是審諦求之，則心與八相本自不有」，如果仔細來看，會發現心和八相都是同等性空，「本自不有，亦不依他有性」，也不是從它而有，所以它的性如虛空，無一無異，所以叫大覺。這是證悟，這是用無生無滅的方法，來證明心是離他生、離共生、離自生，這種種的現象能證得金剛喻定嗎?可能可以，也可能不行。

我們用循環論證的方式，一環扣著一環來看，比較容易了解，不要單獨看某一句話是什麼意思，要放在上下文之間來看。

再看到中品覺相。

「覺四心差別不同，名為覺；覺無常生滅不異，名大覺」，一眼見到這些現象之後所生起的思惟，值得注意的是，它不只是只有想而已，因為它含有禪觀的基礎。「覺四心差別不同，名為覺；覺無常生滅不異，名大覺」，這是中品的覺悟。

再來是上品的覺悟，「覺息無常為異者」，剛才無常生滅是不異，是大覺；但是現在相對於下品的大覺而言，在中品來說是覺，也就是說上品覺的世間等於中品的出世間，所以現在如果問：到底那一個是世間？那一個是出世間？相對於下品而言，下品的出世間在中品來講就是世間，相應於中品的出世間，在上品來講是世間。現在的覺是生滅無常，無常為異，這息是八相所遷，所以無常。本來是四相，現在又變成八相。什麼是八相呢？生、住、異、滅、生生、住住、異異、滅滅，這八種相的變遷，「法體別異非一」，這八種相的遷變，它的法體都是別異的，不是一種，這叫覺，覺悟到差別現象，世間現象的差別現象、假相。所以，能夠分別假相是覺，能夠了知「覺前息、色，一一亦當如是分別。此則略說上品覺、大覺之相」。

我從最後一句來和大家做解說，「覺心八相所遷，別異非一，名為覺」，在修法裡面，這是在上品覺中，很清楚、很明了，所以在上品的修法當中，心心念念的生起，心念本身它的生、住、異、滅，還是相對應境界的所有生、住、異、滅，不管是生、住、異、滅，或是生生、住住、異異、滅滅這八相，每一個境界我們都要很清楚、很明白，即使是細微念也要如鏡中觀萬象一樣清楚。另外，覺是諸世諦，能從中得假觀。

我們再來反求這八相的本體是什麼？這心的本體是什麼？心與八相之間到底是怎麼樣的關係？智者大師的結論是：心本然空寂，也沒有八相之異，心不即是八相，八相不即是心，但是心亦不能離於八相存在，八相也不能離於心的存在，它是由因緣所生。但是我們又不能站在世諦上說它是純然唯一，這是壞世諦，壞世諦的假相。這「假」是假名安立，體性空寂，這二者同時現前，假、空都能同時了悟，就現證入中道第一義諦。

最後一句「八相無所相故」，所謂八相，根本也沒有這些相，這樣很仔細，清楚、很明白的分別了知，心與八相本來無生，本身是無生境界，也不依他有性，不是相互依他而有，也不依外而有，它的體性都是如虛空，無一無異相，也不是來去之相，也不是常斷之相，所以覺、大覺，能夠了悟它是第一諦，是性空。對心的八相完全了悟的時候，現在前面的息、前面的色，也同樣的分別了知，如此就可證得上品覺、大覺之相。證得上品覺、大覺之相，應該是可以成證阿羅漢了，如果從中間轉成大悲，就是菩薩禪法。

次，釋思惟、大思惟二句。此還約前覺、大覺說。所以者何？初心覺悟真俗之相，名覺、大覺；後心重慮觀察，名思惟、大思惟。對小覺後說思惟，大覺後說大思惟，此義易見，不煩多釋。

次，釋觀於心性者，即是返觀能思惟、大思惟之心也。所以者何？行者雖能了於前境，而不能返達觀心，則不會實道。今即返照能觀之心，為從觀心生？為從非觀心生？若從觀心生，若從非觀心生，二俱有過，當知觀心畢竟空寂。五句釋覺支竟。

再來釋思惟、大思惟二句。這和前面的覺、大覺差不多一樣，所以整個初心覺悟真俗之相，名覺、大覺，初心覺悟真俗、真假，智者大師都是用一對、一對的方法。「真」是出世間，「假」是世間、假名，「俗」是假，現在如是依空來對破假相，所以是覺、大覺。他用這樣的對破方法，最後上品大覺是證入中道。

思惟、大思惟也是這樣子，所以「初心覺悟真俗之相，名覺、大覺；後心重慮觀察，名思惟、大思惟」，所以覺、大覺是初心覺悟真俗，真諦跟俗諦的法建立之後，我們再來繼續觀察。不斷的在禪定當中，這裡面不是坐在那邊想，不是我們一般思惟的想像，而是在禪定當中，看到了我們身心當中生起種種的驚喜境界，看到了自己的內臟，看到了內臟中層層的差別，看到這種種相，引發心中又驚又喜，那種心很強烈。

如果能不執著這樣的心，能夠超越背後那種我執所控制的心，把它斬斷、平息了，這時候就能夠很如實的來思惟身心境界，身體種種變化，色、受、想、行、識五蘊，從覺、大覺再重新徹底去觀察思惟、大思惟。「對小覺後說思惟，大覺後說大思惟，此義易見，不煩多釋」，如果再釋下去的話，仍然是同樣的一句話，只是會更複雜。

「次，釋觀於心性者，即是返觀能思惟、大思惟之心也。」返是「還」的意思，是六妙門中一數、二隨、三止、四觀、五還、六淨的「還」。覺、大覺，思惟、大思惟不是在觀裡面嗎？六淨，觀於心性是返觀能思惟、大思惟之心，現在我們的思惟愈來愈清晰、愈來愈明白，如此就很清楚了，現在要觀於心性時，就能觀察出所以然來了，能觀察到這心是從何而來？可以返觀。

「所以者何？行者雖能了於前境，而不能返達觀心，即不會實道。」所以行者雖然能夠了知前面的境界，但是不能反觀所要觀的心的話，不能會心本源就不能知道真實的境界。現在返照能觀的心，看能觀的心是從那裡來的？現在開始思惟：能夠覺、大覺，思惟、大思惟的心是從那裡來的？

「為從觀心生？為從非觀心生？若從觀心生，若從非觀心生，二俱有過」，如果是從觀心生，那觀心生從何而來？是相續不斷的常嗎？如果從非觀心生的話，那非觀心本來沒有，怎麼會有呢？這兩個都不對，所以破有無雙邊，知道心本然空寂，能夠如實相應因緣，相應生起，能觀、所觀再破一對，最後豁然還得本心，觀心畢竟空寂，就能成證大道。

各位，你很可能在覺、大覺過程中就悟道了，也可能在思惟、大思惟悟道，也可能是在觀於心性時悟道，都不一定。五句是覺、大覺、思惟、大思惟、觀於心性五句，很細密的地方，我們用這五個分析的道理再去看它就清楚了。所以這裡的覺支，和前面的覺支差很多，雖然說的有些含混，但是我想大家能體會。體會不是了解而已，而是能用於禪觀，禪觀到最後，細細密密的心念每一念起來都能對破。

2 觀支

第二、次釋觀支。經云：若觀心行、大行、遍行、隨意。觀心者，即是前觀於心性也。行、大行者，聲聞之人以四諦為大行，當觀心時，即具四諦正觀。所以者何？若人不了心故，無明不了，造諸結業，名為集諦。集諦因緣，必招未來名色苦果，是名苦諦。若觀心性，即是具足戒、定、智慧，行三十七品故，名道諦。若有正道，則現在煩惱不生，未來苦果亦滅，名為滅諦。是名聲聞大行。若緣覺人，以十二因緣為大行。若是菩薩，即入無生正道正觀，證於寂定瑠璃三昧，毛孔見佛，入菩薩位也。則略明三乘大行之道相也。

遍行者，觀行未利，亦並約心而觀四諦，名為大行。今觀道稍利，能遍歷諸緣，觀於四諦，出十六行觀，故名遍行。

隨意者，若是遍行，雖在定內，得見諸緣，出禪定時，則觀不相應。今隨意者，隨出入定，觀一切法，任運自成，不由作意，是名隨意。此則略釋觀支相也。

再來，「次釋觀支。經云：若觀心行、大行、遍行、隨意。」這又是和前面相應，一環一環套過來。觀心行就是前面的觀於心性；行大行，是聲聞之人以四諦為大行，具足四諦十六行觀，當觀心時即具四諦正觀。大家回去看《大集經》，裡面講的很清楚，智者大師所引的只是裡面的一部分而已，它用數息觀觀察到所有的眾法，《大集經》裡面寫得很清楚，當觀心的時候，就具四諦正觀。

「所以者何？若人不了心故，無明不了，造諸結業，名為集諦。」因為人不了悟心的緣故，產生這無明，不能夠了悟而造一切的煩惱眾業，這煩惱眾業是世間一切苦報的因緣，所以集諦是苦的因緣。「集諦因緣，必招未來名色苦果，是名苦諦」，這集諦的因緣一定會招來未來名、色苦果，名是精神，色是物質，必定感召得到苦果，所以叫苦諦。

「若觀心性，即是具足戒、定、智慧，行三十七品故，名道諦。」如果觀察我們的心性，從心本源來破除妄想，具足戒、定、慧以及所有的三十七道品，此為道諦。「若有正道，則現在煩惱不生，未來苦果亦滅，名為滅諦。」如果有依止正道的話，我們現在煩惱不生起，未來的苦果也消滅了，叫滅諦，「是名聲聞大行」，這是行大行。

「若緣覺人，以十二因緣為大行。若是菩薩，即入無生正道正觀，證於寂定瑠璃三昧，毛孔見佛，入菩薩位也。」入無生正道正觀，這是大悲發心的菩薩，又可分為二種，一種是大悲入無生正觀，為眾生成證修法：一種是在無生正觀中，起無緣大悲來救度一切眾生，了悟一切修法如幻。「菩薩即入無生正道正觀，證於寂定瑠璃三昧，毛孔見佛」，所以菩薩行者在此能見毛孔流出一切佛，這是實境。若起大悲，身如琉璃，在前面的根本禪中，大約是四禪修菩薩行方可見，如果是在通明禪中，則在初禪即可得毛孔流佛，因為這個禪法很犀利的緣故。

例如我們在修念佛三昧、修般舟三昧，般舟三昧，或初禪得、或二禪得、或三禪得、或四禪得，般舟三昧就是一切諸佛現立在前三昧，有時在初禪境界得到般舟三昧，如此決定能往生淨土，有時候二禪、有時候三禪、有時候四禪，不定，都可能得到般舟三昧。如果這樣講，瑠璃三昧，毛孔見佛，或初禪、二禪、三禪、四禪得都可以證得。若照如此的境界中入菩薩行位，在這邊應相對於天台的說法，可以對照他們的行位。這是略明三乘大行之道相。

「遍行者，觀行未利，亦並約心而觀四諦，名為大行。今觀道稍利，能遍歷諸緣，觀於四諦，出十六行觀，故名遍行。」什麼叫遍行？就是觀行未利，能夠約心來觀四諦，叫大行。但是現在觀道稍利，如果觀的力量更利的話，能夠遍歷一切諸緣。遍歷諸緣在這裡所講的是歷行住坐臥諸緣，就是十二緣相，我們所有生活的緣相，能夠觀察四諦，出生四諦十六行觀，叫遍行。如果要出生四諦十六行觀的話，還是要在禪定當中，所以是行住坐臥的禪都能這樣，而不只是在打坐禪定當中。

「隨意者，若是遍行，雖在定內，得見諸緣，出禪定時，則觀不相應。今隨意者，隨出入定，觀一切法，任運自成，不由作意，是名隨意。」遍行是在定內，能夠得見諸緣，出禪定時則不相應，所以現在是隨入定或出定，隨時隨地，觀一切法，任運自成，不由作意，是名隨意。這境界實在太不可思議了！所以行大行，遍行、隨意，其基礎在觀心。所以覺、大覺、思惟、大思惟、觀於心性；再來觀心行、大行、遍行、隨意，這是在初禪覺觀的境界，這是了不得的大境界！

3 喜支、安支與定支

第三、明喜支。喜支者，經言：如真實知、大知，心動至心，是名為喜。如真實知者，即是上來觀於心性四諦真理也。大知者，如上觀行。若心審諦，停住緣內，稱觀而知，故言如真實知。若豁然開悟，稱理而知，心生法喜，故名大知。心動至心者，既得法喜心動，若隨此喜，則為顛倒。今了此喜無，即得喜性。即得喜性，故名至心，是名為喜。

第四、次明安支。安支者，經言：若身安、心安、受安，受於樂觸，是名為安。身安者，了達身性故，不為身業所動，即得身安，故名身安。心安者，了達心性故，不為心業所動，即得心樂，故名心安。受安者，能觀之心，名之為受，知受非受，斷諸受故，名之為樂，故名受安。受於樂觸者，世間、出世間二種樂法成就，樂法對心，故受於樂。

第五、次明定支者。經言：若心住、大住，不亂於緣，不謬，無有顛倒，是名為定。心住者，住世間定法，持心不散，故名住。大住者，住真如定法，持心不散故。不亂於緣者，雖住一心，而分別世間之相不亂也。不謬者，謬名妄謬，諦了真如，妄取不起，故言不謬。不顛倒者，若心偏取世間相，即隨有見沉沒生死，不得解脫。若心偏取如相，即隨空見，破世間因果，不修善法，是大可畏處。行者善達真俗，離此二種邪命，名不顛倒。

復次，若二乘之人得此心破四倒，名不顛倒。若是菩薩得此一心，能破八倒，名不顛倒。

行者初得覺支成就，即覺身息不實猶如芭蕉。今得住此一心，定支成就。心既寂靜，於後泯然微細，即覺身息之相不實，猶如聚沫。是則略明下根行者證通明初禪之相。

再來說喜支。經言：「如真實知、大知，心動至心，是名為喜。」如真實知者，即是上來觀於心性、了悟四諦的真理。如上觀行，能夠心審慎、專注、思惟，停住在緣內，稱觀而知，故言如真實知。「若豁然開悟，稱理而知，心生法喜，故名大知。心動至心者，既得法喜心動，若隨此喜，則為顛倒。今了此喜無，即得喜性。即得喜性，故名至心，是名為喜。」如真實知，就是我們上來觀察心性、了悟四諦的真理。以上的觀行如果心能夠審諦思惟，停住在緣內，在觀行中能夠了知，這是如真實知。如果忽然之間豁然開悟，稱理而知，心生法喜，叫大知。如真實知與大知的境界不同。心動至心者，我們現在已經得到法喜，能夠心動了，但若隨這個會產生顛倒變化，現在我們了解喜本身是性空的，了悟喜性，所以名至心。法喜心動，知道喜是顛倒的，所以能了悟喜性，喜是空，這是至心，喜支。

再來安支。「安支者，經言：若身安、心安、受安，受於樂觸，是名為安。身安者，了達身性故，不為身業所動，即得身安，故名身安。」了達身的體性是性空的緣故，所以不會被身的業力所牽動，得到身安。「心安者，了達心性故，不為心業所動，即得心樂，故名心安。受安者，能觀之心，名之為受，知受非受，斷諸受故，名之為樂，故名受安。」這邊請注意，身安、心安、受安，身、心、受三者，我們能觀之心是受心，了知這一切受都是虛妄、都是性空的。斷諸覺受，所以名為樂，故名受安。「受於樂觸者，世間、出世間二種樂法成就，樂法對心，故受於樂。」

再來明定支。「經言：若心住、大住，不亂於緣，不謬，無有顛倒，是名為定。」心住者是住世間定法，持心不散，叫作住。大住者，住真如定法，持心不散故。不亂於緣者，雖住一心，而分別世間之相不亂也。分別世間而不亂，這不是其他境界所能得到的，不是其他禪定所能得到的，前面所提到的數息、隨息之禪，沒有辦法在這裡得到這種境界。

「不謬者，謬名妄謬，諦了真如，妄取不起，故言不謬。」心住是世間，大住是出世間；不亂於緣是世間，不謬是出世間。以這一心境界，對世間完全覺了，這是不亂於緣諦了真如的境界，諦了空明，所有的妄取妄心不起，名不謬。如果心偏取世間相，就隨有見，沉沒在生死裡面，不得解脫。如果心偏取如相，隨空見，破除世間因果，不修善法，這是大可畏的地方。所以行者能善達真、俗二諦，能遠離邪空、邪有這二種邪命，名為不顛倒。這無有顛倒是安住，是破頑空、破邪有，是雙破所得，所以不取空見，不落於空，不取有見，不沉沒生死。具足這兩者故不顛倒。

「復次，若二乘之人得此心破四倒，名不顛倒。若是菩薩得此一心，能破八倒，名不顛倒。」這是講覺、觀、喜、樂、一心，即覺、觀、喜、安、定，這定是一心支。前面我們提到「若心住、大住，不亂於緣，不謬，無有顛倒，是名為定。」又提到住世間定法，持心不散，叫作住。住真如定法，持心不散，是大住。不亂於緣，雖住於一心，能夠分別世間的相，是不亂。不謬，是不錯謬於真理，所謂諦了真如，妄取不起，所以叫不謬。不顛倒，心遠離世間、出世間，遠離世間相的有見，遠離出世間的空見，遠離雙者就是不顛倒。

不顛倒，現在要更深密的解說。如果是聲聞、緣覺二乘的人，得定心破四倒，什麼是四倒？就是四種顛倒，什麼是四種顛倒呢？就是常、樂、我、淨四種顛倒。無常以為常，無樂以為樂，無我以為我，不淨以為淨，所謂身、受、心、法四種，它執著於常、樂、我、淨。但是現在這二乘的人，小乘的人是得此心，破四倒，菩薩是破八倒，常、樂、我、淨是四倒，對菩薩而言，除了小乘的破四倒之外，無常、苦、無我、不淨也是另外四倒，加起來是八倒，菩薩也不能夠執著。因為小乘人要破常、樂、我、淨四倒，修身、受、心、法，而產生另外的四種執著——無常、苦、無我、不淨。菩薩連這個也要破除，這就是破八倒，雙破，破有、破空。

「行者初得覺支成就，即覺身息不實猶如芭蕉。」初得覺支成就的人，會覺察身與息不實在，好像芭蕉。芭蕉是什麼意思呢？因為芭蕉一層一層剝，剝到最後是空的，所以說猶如芭蕉。

身息不實，猶如芭蕉，觀到這邊我們必須了解，身中一層剝著一層，一層剝著一層，剝下來，剝到最後是空的；呼吸也是一層剝著一層，一層剝著一層，它是無常，除了這無常相、變動相之外，我們的息已經愈看愈進去了，所以息還是一層一層的，各種顏色還是要看下去。所以說最後會看到息無住相，現在我們只看到息的流動相，但是有沒有辦法把這息的流動相看破呢？沒有辦法，所以我們沒有辦法了解息相。呼吸是愈看愈細，呼吸到最後是看到每一個息，息中間的每一個風動，到最後每一個風的組合，看起來像流動，它們互相之間的不穩定性，就像百川匯為一流。

百川匯為一流，它是不是那麼平靜呢？看起來表面好像是，但其實百川匯為一流的時候，每一個水的分子都是不穩定的，看到最後水有沒有動？空氣有沒有動？你看起來動，但它有在動嗎？假如現在從這裡到無限遠的地方，都是一個珠子串一個珠子，這邊珠子打一下，那邊珠子會不會產生震動？珠子會不會打過去？珠子有沒有真的動呢？但是看起來是不是這樣流動過去了？如果光從外相看好像有動，其實它是無動的。這種解釋，只是一種方便解說，讓大家明白宇宙現象的另一種現象，讓大家看到東家的驢喝水，西家的馬飽了。

如此再觀察呼吸，有沒有看到呼吸停止了？不要看了一相，就忘記了背後的另一相。我們現在只知道它入無積聚，出無方所，出入無常，這只看到第一相，你有沒有看到不動相？你有在呼吸嗎？有。呼吸時空氣有動嗎？不一定有動，只是你動了，所以就感覺到它動了，所以你就活下來了。所以禪觀要修到什麼程度呢？要看到動相和不動相，不動相中有動相，動相中有不動相，相攝無間。

所以，看芭蕉不實，不要只是用想的而已，用一種相去想，要了知相中有理，理中有相，理中有事，事中有理。現在這種境界裡面，在深刻的禪定裡面會看到事相的現起；事相的現起，不只是一般的相，到最後從理上的相、理事相容的相都能現起。我講這些不是從理上去推演，而是在修禪定的時候，如實看到事上的顯現，對事上的顯現，我們在這邊不要執著於常，應該要雙破，一個破常，一個破無常。不來不去的意義是現觀，所以身息不實，我在這邊講深了些，但是大家不要隨著意識流轉，或隨著某一個相流轉，反而不能了解其中深層的道理。

「今得住此一心，定支成就。心既寂靜，於後泯然微細，即覺身息之相不實，猶如聚沫。」當然我講的東西，不是在這裡面的境界。各位不要執著於我講的相，我是為了讓你們有更細的思惟、更細的修行而已，不要被我所說的相所執著了，一天到晚在看呼吸的相停止了，整個世界停止的相，那是你想出來的，和實境有什麼關係？我常跟大家說，世間可以看停止，當然可以看停止，這是實相，不是假的，但是智慧和定力不夠，那裡能看得到？講到現在為止，是講第一層的，釋根本世間的初禪證相，根本世間的初禪證相，它的世間和出世間相也有三種：下品覺、中品覺、上品覺。再來要更擴大了，擴大到義世間，同樣都是屬於初禪證相。

四、通明禪義理世間的初禪證相

㈠外在的義理世間

第二、次釋約義世間明中次根行者，進證初禪五支之相，即為二：一者、正明義世間相，二者、即釋成覺義。就第一釋義世間為二意：一、明外義世間，二、明內義世間。今釋外義世間，復為三意：一、正明根本世間因緣，二、明根本與外世間相關，三、明王道治正。

第二、次釋約義世間，我們前面所提到的下品覺、中品覺、上品覺是屬於下根的行者，到這邊是中根的行者。

「進證初禪五支之相，即為二：一者、正明義世間相，二者、即釋成覺義。就第一釋義世間為二意：一、明外義世間，二、明內義世間。今釋外義世間，復為三意：一、正明根本世間因緣，二、明根本與外世間相關，三、明王道治正。」現在要講初禪五支相，第一是正明義世間相，第二是釋成覺義。義世間相一個是外世間，一個是內世間。外世間又分成三個：正明根本世間因緣、明根本與外世間相關、明王道治正。

在外世間來說，講三個世間，第一是我們的根本世間因緣，就是我們正報世間，我們自身五蘊世間的因緣。外世間是器世間，第二是說明我們的根本自身因緣和外界世間的相關性。第三明王道治世。我們的正報世間和依報世間，這兩者之間如何來做一個最理想的統攝？這就是所謂的王道治世，這裡面要做一個最理想的統攝，也就是在人間行道，我們如何將內外世間相融合而得到成就；王道治正到最圓滿的境界是淨土。一個是正報，一個是依報世間；內在世間，我們正報的是根本，世間外在的器世間是依報，這兩者統攝最圓滿的境界就是淨土。在淨土中，佛是法王，正報和依報世間相應圓滿，稱為王道治正。

大家要仔細聽我對這些的解析，有時我會解釋得更深入，一環扣著一環，隨緣而解，不一定是照它所講的，但也不離它所講的。大家要好好受用，我什麼時候會請出什麼東西，是不定的，有因有緣而說。我們的法，世間難容受，怎麼辦呢？大家應該要了解世間無常，而努力創造能容大法的世間。

1 根本世間的因緣

第一、釋覺知根本世間因緣生義。行者初得初禪，既已證見根本世間，爾時或見道，或未見道。今欲深知此根本世間，一期果報因何而生？爾時於三昧內，心慧明利，諦觀身內三十六物，四大、五陰，以願知心，願知此身何因緣有？三昧、智慧、福德、善根力故，即便覺知如是身命，皆由先世五戒業力持於中陰，不斷不滅，於父母交會之時，業力變識，即計父母身分，精血二渧，大如豆子，以為己有，識托其間，爾時即有身根、命根，識心具足。

識在其間，具有五識之性，七日一變，如薄酪凝酥，於後漸大，如雞子黃，業力因緣變此一身。內先為者五臟，安置五識，爾時即知：不殺戒力，變此身內，次為肝臟，則魂依之。不盜戒力，變此身內以為腎臟，則志依之。不婬戒力，變此身內為肺臟，則魄依之。不妄語戒力，變此身內以為脾臟，則意依之。不飲酒戒力，即變身內以為心臟，則神依之。此魂、志、魄、意、神五神，即是五識之異名也。

五臟宮室既成，則神識則有所栖，既有栖託，便須資養。五戒業力復變身內以為六府，神氣府養五臟及與一身。府者，膽為肝府，盛水為氣合潤於肝。小腸為心府，心赤，小腸亦赤，心為血氣，小腸亦通血氣，主潤於心，入一身故。大腸為肺府，肺白，大腸亦白，主殺物益肺，成化一身。胃為脾府，胃黃，脾亦黃，胃亦動作，黃間通理脾臟，氣入四支。膀胱為腎府，腎府黑，膀胱亦黑，通濕氣潤腎，利小行腸故。

三焦合為一府分，各有所主，上焦主通津液清溫之氣，中焦主通血脈精神之氣，下焦主通大便之物。三焦主利上下，五臟之神，分治六府。六府之氣，以成五官之神，主治一身義。府臟相資，出生七體。腎生二體：一、骨，二、髓。腎屬於水，以水內有砂石故，即骨之義也。肝生二體：一、筋，二、腸。肝為木，木為地筋，故生筋、腸也。心生血脈，心色赤屬血，以通神氣，其道自然。脾生肌膚，脾為土，肌膚亦土。肺生於皮，肺在眾臟之上，故皮亦是一身之上。是為五臟能生七體，亦名七支。

肺為大夫，在上下捨不義。肝為尉仁，心在中央稟種類。脾在其間平五味。腎在下，衝四氣，增長七體成身。骨以柱之，髓以膏之，筋以縫之，脈以通之，血以潤之，肉以裹之，皮以覆之，以是因緣，則有頭、身、手、足大分之軀，餘骨為齒，餘肉為舌，餘筋為爪，餘血為髮，餘皮為耳。識神在內，戒力因緣，則五胞開張，四大造色清淨，變為五情，是以對塵則依情，以識知五色因緣，則生意識，塵謝則識歸五臟。一期果報，四大、五陰、十二入、十八界具足成就。此則略說一期果報，根本世間義所因由。

問曰：若言識從內出，在五根間，識別五塵，與外道義有何異耶？

答曰：如《淨名經》說：不捨八邪而入八正，亦云：六十二見是如來種。此言何謂？如是等義皆出《提謂經》明，非人所作。若於此義不了，在下自當可見。

初果、二果、三果、四果都名為見道，未見道則是凡夫。凡夫只有知見或覺受，這見道不是知見的「見」，是證得見惑能消除，指證得初果以上聖人。「今欲深知此根本世間一期果報因何而生」，現在要知道我們的根本世間，這根本世間就是我們的正報世間，就是我們自己的身心。用這個名詞，請大家要了解，佛法裡面沒有說「我的身體」這類的名詞，而是用這根本世間，這很有意義。我們的根本世間和外界相應的是，同樣是外世間、器世間，所以都是地、水、火、風的組合，加上空、識就是六大。所以你要視自己的身體為一個世間，它是一個相應的因緣，相容的因緣體。

我們現在的正報世間一期的果報，從生到死的一期果報，因何而生？怎麼做？我們在禪定的時候已經看到了身體的相，這時候從中間起慧觀：身體的三十六物，乃至中間的九十九重皮，這整個身體的種種相，到底是從何而生呢？從這樣觀察。在三昧裡面、在定力裡面要產生智慧，不要住在三昧裡面，很歡喜、很歡樂，那就完了。在三昧中要產生陀羅尼，由定產生慧，陀羅尼總持。如果只是打坐坐得很好，坐在那邊都沒有動、沒有思想、很快樂的樣子，那是沒有用的。打坐坐得好的人，在平常做人處事中智慧都要開展起來，就是要定慧能總持，初得三昧，後得陀羅尼，後得總持的智慧。

在三昧裡面，心慧明利，這是最好作用的時候。這時心會十分明利，諦觀身內三十六物、四大、五陰，「以願知心」，以願知的心，這裡面就產生作用了，「願知此身」，希望知道身體「何因緣有」，從什麼因緣裡有呢？從什麼因緣來的？以三昧、智慧、福德、善根力故，即便覺知如是身命，不是在那邊想了半天，而是心慧明利，很快速能夠觀察到。這和世間的分別想像有什麼差別？就究竟義來講沒有差別，就相對義上來說有差別。因為一個是速度很疾速，一個是思惟很慢，因為速度快慢有別，所以力量產生就不同。

像一顆球，用手投出打到一個人，和以機器速度加快十倍打到一個人，打到人的事情是相同的，但是所造成的後果卻是不同的，前者可能只是頭腫一包，後者卻可能致死。所以就究竟義而言，就像打到人這個事是相同的，雖然在究竟意義上，沒有生也沒有死，但現象上還是有差別。這裡的三昧不是講現觀，如果是講現觀，就智慧生起，那根本意義就有差別了，但這邊沒有現觀，所以三昧明利，思惟很快，在這中間我們容易破迷惑而開悟。一般眾生的思惟分別沒有辦法開悟，但是在這邊是可以的，未到地定以上都可以開悟，所以叫七依處。初禪到四禪，加上空無邊處、識無邊處、無所有處定是七依處。若散心則無法開悟。

「三昧、智慧、福德、善根力故，即便覺知如是身命，皆由先世五戒業力持於中陰，不斷不滅。」我們之所以會成為人身，是因為過去持五戒的業力所來，這五戒的業力持於中陰，一般而言是說中陰來持身，現在是五戒業力來持中陰，所以人的中陰是五戒業力所持。

「五戒業力持於中陰，不斷不滅，於父母交會之時，業力變識，即計父母身分，精血二渧，大如豆子，以為己有，識托其間，爾時即有身根、命根，識心具足。」「識在其間，具有五識之性」，用現在的話來講，就是具有基因特性推動的能力，因為他的生命習慣已發展出一套系統，所以這樣融會的生命可以發展出一套生命體相；這已經內化到能推動其身體的生命現象。「七日一變」，是用過去的生命發展現象來看，「如薄酪凝酥，於後漸大，如雞子黃（蛋黃）」，業力因緣變此一身」，由於業力因緣的轉換而變此身，裡面先成就的是五臟，安置五識，這裡已經把中國的東西和印度的東西結合在一起了，五藏五識將中國陰陽五行家所言、中印的傳統在這兒已經導入，先為者五臟，五臟安置五識。

「爾時即知：不殺戒力，變此身內，次為肝臟」，不殺的戒力變到身內成為肝臟，「則魂依之」，這裡將五戒、五識、五臟結合在一起。「不盜戒力，變此身內以為腎臟，則志依之。不婬戒力，變此身內為肺臟，則魄依之。不妄語戒力，變此身內以為脾臟，則意依之；不飲酒戒力，即變身內以為心臟，則神依之。」智者大師在這邊建立這樣一套系統，這是不是決定呢？也不必是決定的，其中有他的道理在，但也不一定每一個人在禪定中會完全像這樣子，在禪定裡面觀察一期生死，其他人的思惟過程也不見得是像這樣。

總約而言，這裡面有兩個方向：一個是根本智，一個是道種智。根本智，大家都知道總約而言是空，所以這能解脫輪迴；菩薩的道種智，雖然尚未如同佛一般圓滿的一切智智，還不究竟，但是它不會妨礙空的智慧，不會妨礙解脫的智慧。

「此魂、志、魄、意、神五神，即是五識之異名也」，這是智者大師一直想要發展的一套系統，把中國的、印度的整個統攝，但是有時間的因緣性。時代在進步，有些東西會不斷變化，它根本的道理、根本的意見沒有什麼問題，但是落實在現象界的時候，有些因為資料來源的判斷問題，所以有些差異性，但也不要因為跟我們現在所了解的某些知識不太一樣，或比較不精細，就不相信了。

「五臟宮室既成，則神識則有所栖，既有栖託，便須資養。」五臟的宮室有了，神識就託在中間，神識在這邊要資養。五戒業力就成為六府神氣，這「府」有時是寫成「腑」。「府養五臟及與一身」，這六府的神氣可資養此身，所以六府神氣是五臟根本的力量來源。「府者，膽為肝府，盛水為氣合潤於肝。小腸為心府，心赤，小腸亦赤，心為血氣，小腸亦通血氣，主潤於心，入一身故」，小腸是心府，所以心赤小腸也赤，心是血氣，小腸通血氣，所以小腸好，心臟就能夠好。大腸是肺腑，肺白大腸也白，所以說「殺物益肺」，是指以消化來資養我們的肺府。

「胃為脾府，胃黃，脾亦黃，胃亦動作，黃間通理脾臟，氣入四支。膀胱為腎府，腎府黑，膀胱亦黑，通濕氣潤腎，利小行腸故。三焦合為一府分，各有所主，上焦主通津液清溫之氣，中焦主通血脈精神之氣，下焦主通大便之物。三焦主利上下，五臟之神，分治六府。六府之氣，以成五官之神，主治一身義。府臟相資，出生七體。」這裡是說六府的氣來成五官之神，主治理一身之義，府臟互相資生，就出生七體。這裡是講生命發展的過程和來源。

「腎生三體：一、骨，二、髓。腎屬於水，以水內有砂石故，即骨之義也。肝生二體：一、筋，二、腸。肝為木，木為地筋，故生筋、腸也。心生血脈，心色赤屬血，以通神氣，其道自然。」我們身上的氣是由五臟六府出來的，心會出生血脈，所以心脈為主，心色赤屬血，以通神氣，其道自然。「脾生肌膚，脾為土，肌膚亦土。肺生於皮，肺在眾臟之上，故皮亦是一身之上。是為五臟能生七體，亦名七支。」這和中醫道理相同。脾有問題，可能是肺有問題，這代表了兩者之間也有關聯，五臟六府的整個問題，這邊有問題，那邊也會有問題，所以脾不好，肌膚就不行；心不好血脈就不通，血脈不通心臟就不好。再加上五行金、木、水、火、土的變化，變成一種交互影響。

「肺為大夫，在上下捨不義。肝為尉仁，心在中央稟種類，脾在其間平五味。腎在下，衝四氣，增長七體成身。」這是中醫的理論，又攝入中國的仁、義、禮、智，大家大致了解即可。五味是指五臟，五味能持平、調順；腎不好，身體就無法增長。「骨以柱之，髓以膏之，筋以縫之，脈以通之，血以潤之，肉以裹之，皮以覆之，以是因緣，則有頭、身、手、足大分之軀。」這是把生命從受精卵以來，人是怎麼出來的整個道理，從一個理則上面到生理上面建構起來，大家不要以為這套一定是落伍，現在的科學只是現象上的發達而已，它的道理是怎麼來的，恐怕還有許多的盲點，所以這些還是很值得我們修行人參考。

「餘骨為齒，餘肉為舌，餘筋為爪，餘血為髮，餘皮為耳。識神在內，戒力因緣，則五胞開張，四大造色清淨，變為五情，是以對塵則依情，以識知五色因緣，則生意識，塵謝則識歸五臟。一期果報，四大、五陰、十二入、十八界具足成就。此則略說一期果報，根本世間義所因由。」其中，「塵謝則識歸五臟」，這裡面指導了一個道家修行法，即「五氣朝元」，心意不隨五塵去，五氣自然朝元；識歸五臟，就是還其識田。三華聚頂，五氣朝元，道家講三華聚頂，「三華」是指什麼？指的是精、氣、神。這裡融合道家的修法「塵謝則識歸五臟」，意思是說心不住外塵，則識歸五臟。這裡面和老子的說法是一樣的：「五色令人目盲，五音令人耳聾」，眼不隨於色相，耳不隨於音聲，鼻不隨於香塵，身不隨於觸塵，舌不隨於味塵，意不隨法塵，六塵不隨，六根發於五臟。但這種說法比不上佛法的六根清淨。

「問曰：若言識從內出，在五根間，識別五塵，與外道義有何異耶？」識如果從裡面出來了，在眼、耳、鼻、舌、身五根間來識別這五塵，識別眼、耳、鼻、舌、身，也識別色、聲、香、味、觸五塵，這樣和外道又有什麼差別？智者大師在這邊提出解釋，如《淨名經》說（《淨名經》指的是《維摩詰經》）：「不捨八邪而入八正」。這不是要大家行八邪，而是不捨世間而成就出世間道。「亦云：六十二見是如來種」，這講菩薩法。「此言何謂？如是等義皆出《提謂經》明，非人所作。若於此義不了，在下自當可見。」智者大師恐怕大家誤會他在講道家的東西，所以他先說為什麼道家的東西可以用，我們了悟了道家的東西，因為我們現在在講正報世間還有外在的器世間，彼此的關係、義理。如果我們不通達外道理的話，很難行菩薩行。一個菩薩行者應該通達這些外道之理，而能夠成就菩薩意，成就出世道意，這是他要講的道理。

2 內世間與外國土的相互關聯

第二、釋內世間與外國土義相關相。行者三昧、智慧、願智之力，諦觀身時，即知此身具仿天地一切法俗之事。所以者何？如此身相，頭圓象天，足方法地，內有空種，即是虛空。腹溫暖法春夏，背剛強法秋冬，四季體法四時，大節十二，法十二月，小節三百六十，法三百六十日，鼻口出氣息，法山澤谿谷中之風氣，眼目法日月，眼開閉，法晝夜，髮法星辰，眉為北斗，脈為江河，骨為玉石，皮肉為地土，毛法叢林。

五臟在內，在天法五星，在地法五岳，在陰陽法五行，在世間法五諦。內為五神，修為五德，使者為八卦，治罪為五刑，主領為五官，昇為五雲，化為五龍。心為朱雀，腎為玄武，肝為青龍，肺為白虎，脾為勾陳，此五種眾生，則攝一切世間禽獸悉在其內。亦為五姓，謂宮、商、角、徵、羽，一切萬姓並在其內。對書典，則為五經，一切書史並從此出。若對工巧，即是五明、六藝，一切技術悉出其間。當知此身雖小，義與天地相關。如是說身，非但直是五陰世間，亦是國土世間。

再來，「釋內世間與外國土義相關相。行者三昧、智慧、願智之力，諦觀身時，即知此身」，這一章節的內容，很多人會有不同的觀點，或許認為不符合現代科學觀點，但是我們要從其道種智的不圓滿處去看，而不要以為這沒有什麼參考價值，因為我們這是講修行，不是講科學。在諦觀這身的時候，知道這身是仿照天地而成，這邊在講天、地、人三才；人法地，地法天，天法道，道法自然。人居於三才之中，上會於天，下立於地，這身是和天地相應的。

「如此身相，頭圓象天，足方法地，內有空種，即是虛空」，這是中國古代流俗的宇宙觀。天有一個表皮是圓的，所以星星都掛在上面，中間是空的，地是方的。這是以前的宇宙觀，這不是佛教的說法，而是智者大師融攝當時流俗的宇宙觀，而且也不是中國當時進步的宇宙觀，因為當時的中國已經很進步了。中國在當時的宇宙觀已經超出此，不是這種說法，當時天象儀已經很進步了。

「腹溫暖法春夏，背剛強法秋冬，四季體法四時」，我們的肚子溫暖是春夏，背剛強是秋冬。「大節十二，法十二月，小節三百六十，法三百六十日，鼻口出氣息，法山澤谿谷中之風氣」，大家要知道，它這個是用「有機的」宇宙觀，以這個觀點來講是很進步，但是它有許多方面都觀察不足，所以也不能和現代的觀察相提並論。現在的許多觀察，很多科學家已經慢慢把地球視為有機物，這是比較進步的想法。「鼻口出氣息，法山澤谿谷中之風氣，眼目法日月，眼開閉，法晝夜，髮法星辰，眉為北斗，脈為江河，骨為玉石，皮肉為地土，毛法叢林。五臟在內，在天法五星，在地法五岳，在陰陽法五行，在世間法五諦。」一套一套的相應系統講下來。內是五神，修是五德，使者是八卦，治罪用五刑。

「亦為五姓，謂宮、商、角、徵、羽，一切萬姓並在其內。對書典，則為五經，一切書史並從此出。若對工巧，即是五明、六藝，一切技術悉出其間。當知此身雖小，義與天地相關。如是說身，非但直是五陰世間，亦是國土世間。」這裡面的講法有些象徵意義，不是很精確，但是要了解它裡面的意思。只是天台密教沒有發展無上瑜伽部而已，否則這套系統在西藏是不得了的，會成為整套修觀的理論。整個無上瑜伽部定直觀此身，此身四大中圍，就是宇宙壇城，就是法界壇城，我們看到時輪金剛的身體就是整個宇宙。現在我們這個身體直觀是五陰世間，也是國土世間，這是可以的。這個道理很好，我們在身體裡面直接修證成佛土，此身就是佛土，就是金剛身。

在佛經中，跟很多經典都是相應的說法。但是要把五神、五德等說的很確定的話，就必須要有一個前提，要建立這套理則，來把這些象徵容受，能代表相應於一部分有緣的世間。這些理論與我們修行時，從空性再出生的東西，是可以如理現前的，它是攝受這段文化的因緣來融入，但是不見得能破出在這段時空因緣之外，變成完全普遍性，因為在事相上有所不全，有所不及，但在理上是可以通達的。所以我們學習它這個理，學習事的推演，這樣子可以構建許多的修法。

例如：許多的幻化身、憤怒尊或是寂靜尊，有許多憤怒尊是好幾隻手、好幾隻臂，每一個手臂都有祂的道理，為什麼要有這麼多隻手？它代表什麼？這些意義都是賦予的，賦予之後再來修這個法時，才能夠成證相應。可惜在中國並沒有開出無上瑜伽部的氣功道，雖然裡面的東西有些不圓滿，智者大師的法門絕對可以開出一套完整的氣功道，但後人並沒有往那方面發展。因為隋唐之後，中國就較不重視這些東西，在印度又發展出無上瑜伽部，但這跟中國佛學無法相互容受，所以這套方法都傳到西藏去了。可惜現在很多人都在學那種表相，沒有了解到根本道理。

大家如果有興趣的話，我們可以一起來研究氣脈，氣脈的說法各派都不一樣，但沒有衝突，把藏密的氣脈說法，各派氣脈的說法，印度教氣脈的說法，中國經典中也有很多氣脈的說法，全部都一起談。現在麻煩的是，懂藏密氣脈的人不知道中國或原始佛典也有這個東西，也有一套說法。這套說法在中國佛教中也沒有人能懂，以為天經地義是如此，如：心輪要八脈，為什麼？不一定。如以四大脈的說法而言，心輪出生四大脈是地、水、火、風，再出生四十脈，再出生四百脈，這些說法必須把它調和。「如是說身，非但直是五陰世間，亦是國土世間。」這句話直接發展出來的就是以身具十方國土，所以此身即是法界。

3 自身世界與世間政制的對治正理

第三、釋身內王法治正義。行者於三昧內，願智之力，即復覺知身內，心為大王，上義下仁，故居在百重之內，出則有前後左右官屬侍衛。肺為司馬，肝為司徒，脾為司空，腎為大海，中有神龜，呼吸元氣，行風致雨，通氣四支。四支為民子，左為司命，右為司錄，主錄人命。齊中太一君亦人之主，柱天大將軍，特進君王，主身內萬二千大神。太一有八使者，八卦是也。合為九卿，三焦關元。為左社右稷，主姦賊；上焦通氣，入頭中為宗廟，王者於間治化。若心行正法，群下皆隨，則治正清夷。故五臟調和，六府通適，四大安樂，無諸疾惱，終保年壽。若心行非法，則群僚作亂，互相殘害，故四大不調，諸根暗塞，因此抱患致終，皆由行心惡法故。經言：失魂即亂，失魄則狂，失意則惑，失志則忘，失神則死。當知外立王道治化，皆身內之法。如是等義具如《提謂經》說。

再來，「第三、釋身內王法治正義。行者於三昧內，願智之力，即復覺知身內，心為大王，上義下仁，故居在百重之內。」在這邊是將它擬人化了，心是大王，上義下仁，居在百重之內。

「出則有前後左右官屬侍衛。肺為司馬，肝為司徒，脾為司空，腎為大海，中有神龜，呼吸元氣，行風致雨，通氣四支。四支為民子，左為司命，右為司錄，主錄人命。齊中太一君亦人之主，柱天大將軍，特進君王，主身內萬二千大神。太一有八使者，八卦是也。合為九卿，三焦關元。為左社右稷，主姦賊；上焦通氣，入頭中為宗廟，王者於間治化。若心行正法，群下皆隨，則治正清夷。故五臟調和，六府通適，四大安樂，無諸疾惱，終保年壽。若心行非法，則群僚作亂，互相殘害，故四大不調，諸根暗塞，因此抱患致終，皆由行心惡法故。經言：失魂即亂，失魄則狂，失意則惑，失志則忘，失神則死。當知外立王道治化，皆身內之法。」如是等義，具如《提謂經》說。」這樣的說法本身和現代醫學說法似乎不是很相通，但是如果就進步的醫療學來講，它這樣反而是很通的，先不要看名相，而是我們五臟調和，六府通適，四大安樂，我們如果使身心內在全部是調和的，身體才會健康，如果一個地方生病了，一定是很多地方複雜的因緣所成。所以這些是說治病要治因，療病要療因。根據西醫的說法，病相現起了就把病相壓伏，這是凡夫畏果的說法，這病現起一定有它的因，一定要從因上斷掉，這才是治病的正法。因果能同時對治，當然是最好的。

這些看法對我們身體的了解，跟現代人的看法不太一樣。我認為中國古代的看法是比較合理的，也就是說我們的身體是一個組合因緣，其中互相之間的調和昇華是很重要的，如果沒有時常調和昇華的話，就會像世間紛擾一般。事實上現在整個外在世間，如河流的污染、環保生態環境的污染，就另外一層意義而言，和我們生命的型態是很相像的。

我們如果了解自身的生命和外世間是一體、是相應的，個人只是一個宇宙的縮影，而能治身內的王道，能從自身內調和整個心意，來看待外在世間的話，或許能夠得到菩提。這個東西在禪觀當中會現起很深的體悟，對我們的養生、對我們治理世間、對我們了悟佛法依正二報相應都是有益的。

(二) 內在的義理世間

第二、明內義世間相關者，上來所說，並與外義相關。所以者何？佛未出時，諸神仙世智等亦達此法，名義相對，故說前為外世間義也。是諸神仙雖復世智辯聰，能通達世間。若住此分別，終是心行理外，未見真實，於佛法不名聖人，猶是凡夫，輪迴三界二十五有，未出生死。若化眾生，名為舊醫，亦名世醫。故《涅槃經》云：世醫所療治，差已還復發。若是如來療治者，差已不復發。此如下說。

今言內義世間者，即是如來出世，廣說一切教門、名義之相，以化眾生。行者於定心內，意欲得知佛法教門主對之相，三昧、智慧、善根力故，即便覺知。云何知？如佛說五戒義為對五臟，已如前說若四大、五陰、十二入、十八界、四諦、十二因緣悉人身內也。即知四大此義為對五臟：風對肝，火對心，水對腎，地對肺脾。

若聞五陰之名，尋即覺知對身五臟：色對肝，識對脾，想對心，受對腎，行對肺。名雖不次，而義相關。若聞十二入、十八界，亦復即知對內五臟。十入、十五界，義自可見。二入、三界，今當分別五識，悉為意入界，外五塵、內法塵，以為法入界，此即二十三界相關。

意識界者，初生五識為根，對外法塵，即生意識，名意識界。若聞五根，亦知對內五臟：憂根對肝，苦根對心，喜根對肺，樂根對腎，捨根對脾。五根因緣則具有三界。所以者何？憂根對欲界，苦根對初禪，喜根對二禪，樂根對三禪，捨根對四禪乃至四空定，皆名捨俱禪。當知三界亦為五臟，其義相關。

聞說四生，亦覺知此，義關五臟。所以者何？欲界具五根，五根關五臟，五臟關四大，四大對四生，一切卵生多是風大性，身能輕舉故；一切濕生多是水大性，因濕而生故；一切胎生多屬地大性，其身重鈍故；一切化生多屬火大性，火體無而忽有故，亦有光明故。如來為化三界四生，故說四諦、十二因緣、六波羅蜜。當知此三法藥神丹，悉是對治眾生五臟、五根陰故說。所以者何？如佛說一心四諦義，當知集諦對肝，因屬初生故；苦諦對心，果是成就故；道諦對肺，金能斷截故；滅諦對腎，冬藏之法已有還無故；一心已對脾，開通四諦故。乃至十二因緣、六波羅蜜，類此可知也。此三種法藏，則廣攝如來一切教門，是故行者若心明利，諦觀身相，即便覺了一切佛法名義，故《華嚴經》言：明了此身者，即是達一切。是則說內義、世間義相關之相，意在幽微，非悟勿述。

再來，「明內義世間相關」者，上來所說，並與外義相關。所以者何？佛未出時，諸神仙世智等亦達此法，名義相對，故說前為外世間義也。是諸神仙雖復世智辯聰，能通達世間，若住此分別，終是心行理外，未見真實。」剛剛所講的是外相觀，佛陀未出世時，這些神仙、世間智慧人，他們也都能通達這個法門，能夠了解名義相對的道理，這是外世間。但是這些神仙雖然有世智辯聰，能夠通達世間的法理、道理，但是若住於世間的種種分別，終究是「心行理外，未見真實」，心向外求法，不能徹見真實的境界。所以在佛法來講，不能稱為聖人，還是凡夫，是輪迴在三界二十五種存有當中的生命，還沒有出離生死。

如果用這種方法來教化眾生稱為「舊醫」或「世醫」，是世間的醫者，不是真正能出生新的生命之醫者。所以《涅槃經》說：世醫所療治，差已還復發。若是如來療治者，差已不復發。就是說世間的醫術，只是從外相上去療治，所以說有這個病，治療完了仍會復發，但如來是從生死的根本去療治，之後它不再復發。

「今言內義世間者，即是如來出世」，現在要講內義世間，就是說如來出世之後，廣說一切教門，以這些教門的名義之相來教化眾生。現在了解這些緣起的道理之後，我們要開始在定心之內，「意欲得知佛法教門主對之相，三昧、智慧、善根力故，即便覺知。」我們在這邊要了解佛法的內義，因為以三昧、智慧善根力的緣故，可以覺知，知道佛所說的五戒義是對五臟，如前所說。

但是現在我們的四大、五陰、十二入、十八界、四諦、十二因緣，都在我們的身體裡面，現在不只是世間的道理，連整個世間外界，我們的生命就是整個宇宙外相的縮影，而且我們的身體就是佛法內在義理的縮影。所以佛法當中四大、五陰、十二入、十八界、四諦、十二因緣，都在我們的身體裡面。

現在我們知道這四大是對五臟：風對肝，火對心，水對腎，地對肺脾，它分成地、水、火、風。但本來五臟對五行中，木對肝，脾是地；但現在肺脾合成為地，火對心，水對腎，而肝變成與風相對。四大對五臟時，在中國的五行：中央是土，東方是木，西方是金，南方是火，北方是水；土是脾，木是肝，金是肺，水是腎，火是心。現在把它轉成與地、水、火、風四大相對，加以另外的詮釋。

如果配合中陰示現而言，在頭七日中，第一天現起的是空大、毘盧遮那佛，第二天是水大、不動佛，第三天是地大、寶生如來，第四天是火大、阿彌陀佛，第五天是風大、不空成就佛，第六天是識大，五方佛及五方光明一起現前，第七天俱生智現起，所有的寂靜尊現前。

大家不要以為必定是現起這些本尊，因為這其中還牽涉到傳承的問題，一個從未接觸過密教的人就不會現起這些。這些觀起的本尊只是一個表徵，最主要的是我們身體地、水、火、風、空大的相應變化，所投射出的現象，而非必定顯現某位本尊。如果意識中沒有這些本尊的意象，怎麼會顯現出來呢？

五大的變化各會有相應的光明現起，在中陰時如何抉擇呢？光色清淨、沒有污染才是好光，若是曖昧昏暗的則是六道光，以後有機會再詳細討論中陰變化的過程。

像智者大師這樣所傳承下來的五大顏色，和我們現在一般所了知的五大顏色就不一樣，後期密教五大的顏色傳入西藏之後又經過轉換，所以現在的傳承很多種。

傳承的相應性皆是緣起義，我大概講一下讓大家了解。

「若聞五陰之名，尋即覺知對身五臟」，所以五蘊色、受、想、行、識是對五臟，色對肝，識對脾，想對心，受對腎，行對肺，名雖然不是那麼相應，但智者大師在此是以義理來推論，於義而義相關，這是蘇東坡的「理當如斯」，如果因為傳承下來就說：「非這樣不可以。」我會問：「為什麼非這樣不可？」理當如斯會造成「現象當如斯」，你認為是這樣子，到時候你禪觀時就會現起這樣。這是緣起義，我們禪觀中的所有境界都是相應於我們心意識深層的東西，不管是清淨雜染，都是從如幻中產生，所以淨土也是如此產生。

現在反觀到我們現前的世界是如何產生的？我們現前的世界是不是一定合乎邏輯？不是的，一定是矛盾的，每一個人都互相會矛盾，這是矛盾相應的一個平衡現象。但是它有因果義，因果不謬。

我們不要在傳承裡面當一個無知的人，只知其一不知其二，那是不能解脫的，傳承一定有其意義，但傳承也一定有它的緣起限制。

一般而言，傳承在法性上面限制較少，如果它是清淨的、有證量的傳承的話，在法性的限制上很少，因為它是解脫的。但在傳承緣起的意義上面，由於歷代傳承不斷的流傳下來，在緣起上有很大的加持是它的好處，但是愈久的傳承其限制也就愈大，因為每一代的祖師都會加入自己的意見，所以有它的好處，也有它的壞處。

「若聞十二入、十八界，亦復即知對內五臟。十入、十五界，義自可見。二入、三界，今當分別。五識悉為意入界，外五塵、內法塵，以為法入界，此即二十三界相關。意識界者，初生五識為根，對外法塵，即生意識，名意識界。若聞五根，亦知對內五臟。」這裡是講十二入、十八界，也知道對內五臟。

十入，因為內五臟是五根，五根對外五塵是十入，本來是六根對六塵為十二入，現在是五根對五塵變成十入，中間加五識，變成十五界。二入、三界是指意根對法塵的意識。我們分別五識，都是意入界。

「意識界者，初生五識為根，對外法塵，即生意識，名意識界。若聞五根，亦知對內五臟：憂根對肝，苦根對心，喜根對肺，樂根對腎，捨根對脾。五根因緣則具有三界。」以上憂、苦、喜、樂、捨這五根和五臟相應，所以五根因緣見有三界。

「憂根對欲界，苦根對初禪，喜根對二禪，樂根對三禪，捨根對四禪乃至四空定，皆名捨俱禪。」他把四禪和四空定都攝入。

「當知三界亦為五臟，其義相關。聞說四生，亦覺知此，義關五臟。所以者何？欲界具五根，五根關五臟，五臟關四大，四大對四生，一切卵生多是風大性，身能輕舉故；一切濕生多是水大性，因濕而生故。」這裡能講一切卵生都是風大性嗎？如蛇會不會飛呢？

這邊的風大性，指的是會飛的鳥。這樣子推論的話，其意不全。因為或許有人會問：「多」是代表什麼意思？多是相對於少，也就是超過百分之五十，鳥類有沒有占到卵生動物百分之五十？意即會飛的卵生生物中有沒有占到比例一半？恐怕是沒有。陸地上屬於卵生的動物很多，海中的魚也有，所以一切卵生多是風大性，值得商榷，但是我們不要在這種地方鑽研。

「一切胎生多屬地大性，其身重鈍故；一切化生多屬火大性，火體無而忽有故，亦有光明故。如來為化三界四生，故說四諦、十二因緣、六波羅蜜。當知此三法藥神丹，悉是對治眾生五臟、五根陰故說。」我們照這樣修持就可成證金剛身，修持到最後、推理到極致就可修證成虹光身。

四諦、十二因緣、六波羅蜜，這些都是對治我們的五臟，現在它不只是對治我們的心，還對治我們身體的內臟，轉化身體的五臟，我們的整個生命系統、我們的經絡，都可以轉化。所以者何？如佛說一心四諦義，一心具足，在通明禪裡面也可以轉化我們的身境、色境。

因此通明禪修得好的人，身體如果沒有跟著轉化，不名通明禪，這裡是這個意思。

「當知集諦對肝，因屬初生故；苦諦對心，果是成就故；道諦對肺，金能斷截故；滅諦對腎，冬藏之法已有還無故。」集諦對肝，苦諦對心，道諦對肺，滅諦對腎。

「一心已對脾，開通四諦故。」苦集滅道，一心就變成對五臟。

「乃至十二因緣、六波羅蜜，類此可知也。此三種法藏，則廣攝如來一切教門，是故行者若心明利，諦觀身相，即便覺了一切佛法名義，故《華嚴經》言：明了此身者，即是達一切。是則說內義、世間義相關之相，意在幽微，非悟勿述。」

四諦、十二因緣、六波羅蜜，都是我們此身可以相應的緣起成就。所以反推回來，如果我們身體有任何障礙，就代表著我們的修法上面不圓具。所以說心身相屬，色、息、心三者統為一體。因此我們在修證時，能夠以心轉身成就，轉動教法門，就是轉動我們身的成就。如果行者心明利的話，由觀察身相就能覺了一切佛法名義，觀察身相就能了悟解脫根本，觀察身相就能成證圓滿。

所以這邊用《華嚴經》這句話是很重要的：「明了此身者，即是達一切。」我們通達此身，明了此身，使此身成具光明，成具一切作用，成具內外相攝，體體一如，這就達到了一切圓滿的境界。內義、世間義在此能相應圓滿成就，相關的現象十分幽微，沒有悟境的話，不要去宣說。

如果到達這種程度時，心中的通達義理，在身體上就會顯示，一切的境界現象，到最後能進入〈賢首品〉的海印三昧相，自在變化。

心如果住龍心，就會現起龍相；心如果是住解脫心即現起圓覺相。

為什麼呢？

因為進入空性的話，能夠如實依時節因緣而現起，就能現證意生身，能化身三十二相，隨眾生因緣而顯現。

所以能從三十二相化三百二十相、三萬二千相、八萬四千相、一切相，相相圓滿，如理成就。所以依這個因緣，如果大菩薩眾或如來入四諦因緣就示現四諦菩提相，入六波羅蜜就示現六波羅蜜相，入地大就示現地大圓滿相。

這地大圓滿相在五方佛裡，示現南方寶生如來，所以入地大三昧，就現寶生如來。

入水大體性相即現阿閦佛，阿閦佛與我等無二故。

阿閦佛為什麼能夠現起？因為如是因緣，體性相圓滿，同其緣起，所以能如斯成證。所以一切佛幻化，一切眾生幻化，一切法界幻化，都能夠如實現起。這是推演到極點的究竟境界。

通達智者大師所說的這個法，我們要這樣了解，有了這樣的了解，這樣的因緣，我們講這個東西才有意義，否則會變成在講一個對現代人而言很不完整的生理學。它的根本意思是：明了此身者，即是達一切，而且能夠現起一切。如《華嚴經》〈賢首品〉中所說，從眼根入定，能從如來身出，從如來身入，能夠出童女身，從童女身入，能夠出菩薩身，就是這個意思。從眼根入定，能夠出現佛身……等等。

【問與答】

問：「入」是什麼意思？

答：證入。這裡面自在幻化，這是《華嚴經》中〈賢首品〉的境界。要完全證悟，體性通達，如此就隨時可以自在轉動，中間沒有差別心，沒有差別的時間，因為你可以完全通達空性，而且通達大悲如幻，所以從眼根入，你安住在眼根入定，能出現佛身；從聲塵入定，例如在打坐時聽到這個聲音，定在聲塵，而現起佛身。

問：在定中出現？

答：不是，就現起了。

問：怎麼現起？

答：你就變成佛身了。我入於聲塵時，整個身體會消失掉。

問：因為心的作用？

答：對！定力的作用，因為定力大和智慧的作用，所以能產生最廣大的如幻三昧。依聲塵入定，我可以心定在聲塵，也可以整個身體就消失在聲塵。

問：這兩者不同的因緣是什麼？

答：修法差別，看你修證入的是什麼境界。如你修的是六塵三昧，觀世音菩薩修的是耳根圓通，依聲塵入於三昧，修此三昧也可能會現起這樣的境界。就像修耳根圓通，看你到達什麼境界，如到最後「覺所覺空，空覺極圓，空所空滅，忽然之間世出世間圓滿，上與十方諸佛同一慈力，下與一切眾生同一悲仰」，這時是不是可以現三十二應身？

如果現在你修證的過程圓滿，觀世音菩薩直接進入耳根，修耳根法，而現在你的心希望觀世音菩薩示現怎樣的境界，向祂祈請，祂在耳根圓通三昧時，就依你心所願，示現來救度你。若另一個人希望觀世音菩薩示現另一個境界，那麼觀世音菩薩也可以二者同時示現。本來入定那個身可以在，也可以不在，可以依然存有入定之身再幻化出無量身，也可以使入定之身消失。

問：在這裡，很重要的是願力？

答：願力和因緣。我們剛剛所講的是祂有具足這種力量，從聲塵中入定，從某處出定，祂有這樣的因緣就可以這樣出入。

我們再回到前面所說，「如是說身，非但直是五陰世間，亦是國土世間。」亦是一切淨土，所以一切如來安住吾等身中，宣說一切法教。

㈢覺、觀、喜、樂、定五支成就的內義

第二、次釋成覺五支義者，亦為三義：一、下，二、次，三、上。今先釋覺支三義：

一、下覺、大覺者，行者於靜心內悉覺上來所說內外二種世間之相，分別名義不同，即是隔別之相，故名覺義世。覺義世間，故名覺。大覺者，覺一切外名義雖別而無實體，但依五臟，如因肝說不殺戒、歲星、太山、青帝、木魂、眼識、仁毛、詩角、性震等諸法，此諸法不異肝，肝義不異不殺戒等，即是如，故名大覺。覺餘一切法如四臟亦如是。

二、次明覺、大覺者，行者覺知肝雖如不殺戒等一切法，而肝非肺、脾、心、腎等一切法，了知別異，名為覺。覺肝等諸法無常生滅，不異四臟等，諸法無常，名大覺。

三、次明上覺、大覺者，行者覺知肝等諸法八相別異，名為覺。覺此肝等諸法本來空寂，無有異相，名大覺。如此分別覺、大覺，及世間、出世間相，雖與前同，而亦有異，深思自當可見。

次釋思惟、大思惟者，觀於心性之義，類如前說。是則略明約義世諦中辯初禪覺支之相，餘觀、喜、安、定等，亦當如是一一分別。

「第二、次釋成覺五支義者，亦為三義：一、下，二、次，三、上。今先釋覺支三義。」這裡還是分下、中、上三覺。

一、下覺、大覺者，修行人在初禪的靜心內，中品的修行人，他成證的下品覺是什麼？在靜心的時候，能夠覺察到上來所說，就是指前面我們所講過的義世間的相，根本世間因緣、王道治正這些相。「內外二種世間之相，分別名義不同，即是隔別之相，故名覺義世。」現在是內外二種世間相，內相是根本世間，是正報世間，外相是外世間。這兩種世間相，分別名義不同，即名相和義理不同，為隔別之相，所以我們能夠察覺這義世間，一一分別、一一了知，能夠這樣分別了知假名安立，這就是覺。覺是世間義，大覺是出世間義，這是依相的別名，依相的義理。

現在大覺說「覺一切外名義」，這一切世間是外相的名義，雖然現象有別有差異，但是體空而沒有實形，是真如的。

「別而無實體」，現在是用內世間來統攝外世間，直接用我們的五臟六腑比喻，直接昇華，把五臟六腑和出世間的真如相直接結合起來。

「但依五臟」，所謂五臟，就是五戒，舉例：「如因肝說不殺戒」，因不殺而成就肝，「歲星、太山、青帝、木魂、眼識、仁毛、詩角、性震等諸法」，這些名詞的確切意思雖然大家不一定了解，但很清楚的得知他所要表達的是：因肝說不殺戒，它能夠統攝諸法，所以諸法雖然別相，但是能夠統攝。

由肝不殺戒的因緣，能夠統攝相應於外世間的種種相、種種義，體上是一。肝與外界相應的因緣，與它相應的就是青帝。肝相應於東方，東方屬木，魂是也；眼識應該是和肝相應；仁毛，肝屬仁；詩角，宮商角徵羽五音；性震是八卦；歲星應是天文；太山是五嶽。上為歲星，下為太山。山河大地全部統攝不異。

「此諸法不異肝，肝義不異不殺戒等，即是如，故名大覺。覺餘一切法如四臟亦如是。」其他四臟也是如此，心、脾、腎、肺，肝義就是相應於不殺生之因緣而有。肝是不殺戒力，腎臟是不盜戒力，肺臟是不婬戒力，脾臟是不妄語戒力，心臟是不飲酒戒力，不異這五戒，都是如。也就是說法界諸法不離五臟，也不離五方，五臟不離五戒，五戒不離如。再回到前面，覺義世間能歷歷分明，能了知各別名義不同，能有隔別之相，完全清楚了，這是覺。大覺是雖然能了知一切名義，雖有別相，但是卻又沒有實體，都是五臟統攝，五臟是依五戒攝，五戒攝是如，所以是大覺，一個是世間義，一個是出世間義。

「二、次明覺、大覺者，行者覺知肝雖如不殺戒等一切法，而肝非肺、脾、心、腎等一切法，了知別異，名為覺。」雖然他們都是如的，在這中品覺都是如，但是一定要能清楚明白五臟各別，這是一個辯證過程。一個是假名，是空，空中再出生假名，假名再會空，這是空、假的辯證過程。空假不斷辯證，要顯中道第一義諦。智者大師的法那麼複雜，其實就是在講這個，空假的對辯，假就是世間，空就是出世間，第一義是遠離世間、出世間，能即含世間、出世間，所以是中道第一義諦。

下品覺也是能了知眾相是如、是空的。中品覺是雖然是空的，但是還是能夠分別，了知別異，明為覺。

「覺肝等諸法無常生滅」，但是現在我們知道其體性是無常生滅，而能夠分別的還是無常生滅，這是同，所以這是同異之間的差別，諸法無常就是覺大覺。一個是用空、如來破，所以到中等的覺、大覺之後，能夠了悟這些雖同，又能了了分別，了知別相，從別相中又能統一，知道它的無常生滅，能了知它的同相。

「三、次明上覺、大覺者，行者覺知肝等諸法八相別異，名為覺。」了知肝等諸法是生、住、異、滅、生生、住住、異異、滅滅。說是八相，其實是無量相異，以四相為根本，生住異滅根本四相，生、住、異、滅、生生、住住、異異、滅滅，其實再各個又可以出生無量相，所以生中有生住異滅，住中也有生住異滅。

我們有生死，我們一呼一吸也是生死，念念也是生死，一呼吸中具無限念，所以每一個念頭又是生住異滅。這邊講八相，實際就是表示無量，生住異滅的複合義，廣說則無盡。所以佛法用對待相：常、無常，這兩個對待；非常、非無常、非非常、非非無常。廣破無窮，可用四句來破，建立它的立體結構，八相義應如是了解。

「覺此肝等諸法本來空寂，無有異相，名大覺。」它本來就空寂，都是因緣所生，現起這個東西，體性都是因緣所生，無有異相。

「如此分別覺、大覺，及世間、出世間相，雖與前同，而亦有異，深思自當可見。」就是說如此分別覺、大覺及世間、出世間相，和前面雖有點相同，但在細密度上面不一樣。

前面只是一種現象上的問題，現在又加上時間系統的問題。前面只說身體裡面五臟六腑的現象問題，現在又牽涉到整個外世間的問題。這裡面變成除了以根本世間的一期正報五陰為基礎之外，又加上外世間，從初始到結束等等，這些都能夠加入。如果能這樣修的話，會發覺自己在通明禪觀當中，會覺了一切世間眾法，具足道種智。

大家可以把《釋禪波羅蜜次第法門》前後對一下，把通明禪初禪發相和這比對一下，會發現本來它是看到身體這些內臟的現象而已，現在進入到「約義世間」之後，他觀察到身心的一期果報，所以時間系統也加進去了。現在看到了，再從現在開始往前推，理上也應該要推到死亡，但是現在先從現在推到我們出生的情形，內在世間之外還包括了外在世間，這整個全部統攝，和前面不同，更複雜了。

再來，「次釋思惟、大思惟者，觀於心性之義，類如前說。是則略明約義世諦中辯初禪覺支之相，餘觀、喜、安、定等，亦當如是一一分別。」這些你們對到前面，就應該可以了解。

《釋禪波羅蜜次第法門》前面的「思惟、大思惟，觀於心性」，重新的仔細觀察，就如同止觀之意，一數、二隨、三止、四觀、五還、六淨，六妙門，佛陀遊止三四，就是遊止、觀，止觀相互明證，就出生十二因緣。十二因緣中間，如果說是無量義的話，就是說每一個因緣當中，又是能夠了知種種差別變化，所以十二因緣也是無窮。在此我們也思惟此是無窮，所以思惟大思惟就是反觀心性，就是修「還」，反觀心性能夠證悟，就是「淨」。如果沒有的話，就繼續修，修觀支的成就，覺，再來起觀，觀心行、行大行、遍行、隨意。觀心，就是前面對觀於心性。觀心之後，行大行，則聲聞之人四諦行；緣覺的話，是十二因緣；菩薩，是大悲行。如果觀行深入之後，則能遍行，在行、住、坐、臥中，都能夠起遍行。不動之心是喜，安是「若身安、心安、受安，受於樂」，和前面的檢證相對就知道了。

以上是中品證得通明禪者。

五、通明禪事世間的初禪證相

㈠正見事世間的現象

第三、釋事世間者，此據得初禪時獲六神通，見世諦事，了了分明，如觀掌內菴摩勒果。此則現睹眾事，不同上說。以義比類，惟忖分別世事也。

今就明事世間內，亦為二意：第一、正見事世間相，第二、釋成覺觀五支義。今釋第一事世諦相者，上根行人福德智慧利故，證初禪時，有二因緣得五神通：一者、自發，二者、修得。

一、自發者，是人入初禪時，深觀根本世間三事，即能通達義世間相。

覺義世諦時，三昧智慧轉更深利，神通即發。更得色界四大，清淨造色眼成就。以此淨色之心眼徹見十方一切之色，事相分明，分別不亂，名天眼通。所餘天耳、他心、宿命、身通，亦復如是。得五通故，明見十方三世色心，境界差別不同，眾生種類、國土相貌一一有異，是為異見事世間也。故經言：深修禪定，得五神通。

第二、修得五通，見事世間者，如《大集經》言：法行比丘獲得初禪，入禪已，欲得身通，繫心鼻端，觀息入出，深見九萬九千毛孔息之出入，見身悉空，乃至四大亦復如是。如是觀已，遠離色相，獲得身通，乃至四禪亦復如是。云何法行比丘獲得眼通？若有比丘得初禪，觀息出入，真實見色。既見色已，作是思惟：如我所見三世諸色，意欲得見，隨意即見。乃至四禪亦復如是。云何法行比丘得天耳通？憍陳如！若有比丘得初禪，觀息出入，次第觀聲，乃至四禪亦復如是。云何法行比丘得他心智通？若有比丘觀息出入，得初禪時，修奢摩他、毗婆舍那，是名他心智，乃至四禪亦復如是。云何法行比丘得宿命智？憍陳如！若有比丘觀息出入，得初禪時，即獲眼通。獲眼通已，觀於初有歌羅邏時，乃至五陰生滅，乃至四禪亦復如是。既得五通，即能見十方三世、九道聖凡眾生種類、國土，所有一一相貌差別不同，是名修得神通。見事世間通達無閡。

再來，第三、釋事世間，除了義世間之外就是事世間。智者大師這個用法，在華嚴則是用「事無礙」、「理無礙」、「理事無礙」、「事事無礙」。所以說智者大師的義世間，等同於華嚴的理無礙，但解說也不完全相同。

這些解說的方法，其實都是有軌則可循，我教大家的是軌則，讓大家有一隻眼睛可以看。如果教授法相的話，那是無法窮盡的。如果有一萬個修行人成就，豈不是要教一萬種方法？那會愈來愈多，一萬個又各傳十個方法，這樣是永遠玩不完的。所以現在大家要跟我拿金針，不要問我家有什麼東西，我家沒有什麼東西，我只有看到東西的時候才會講，沒有看到東西的時候，我們就靜靜的。大家要學到這個解析，能夠證得頂上一隻眼，完全了解諸法的形貌。

再釋事世間，此據得初禪時，成證事成就，獲六神通。剛剛還是在理上面推演、思惟，現在不只是在理上，而是事成就了，成就六神通，「見世諦事，了了分明，如觀掌內菴摩勒果。此則現睹眾事，不同上說」。菴摩勒果是一種水果，有人說是芒果，有人說是芭樂，意思是如同觀掌上的一個水果，了了分明，見諸眾事，這是形容神通天眼廣大之意，獲六神通便是這樣。「此則現睹眾事，不同上說」，現在不是這樣了！現在跟剛剛不一樣，現睹眾事，眼睛看得清清楚楚，現觀的天眼。「以義比類，惟忖分別世事也」，今就明事世間內，若以義比類的話，剛剛是說思惟了悟世間，但是現在是明事世間，釋事世間，真真實實了解這樣子。此有兩意，第一、正見事世間相，第二、釋成覺觀五支義。

第一、正見事世間相。「今釋第一事世諦相者，上根行人福德智慧利故，證初禪時，有二因緣得五神通：一者、自發，二者、修得。」內文有時講得不大統一，這邊寫五神通，但前面寫六神通。上根的行人因為福德智慧很利的緣故，所以這邊有三種行人證得初禪：下根下品行人，能夠現見他現在的內世間的狀況。中品行人能從內世間推回到外界，也推回到他一期生死，這裡面有思惟義，能夠了解裡面一切分別。上根行人思惟的智慧很利，證初禪之後，就得到五神通，有兩種因緣，這兩種因緣一個是自發，一個是修得。

就自發而言，有些禪定不容易自發神通，像數息、隨息或是不淨觀，不容易自發神通，相較之下，通明禪自發神通的機會多得多了。自發神通就是證得禪定，自然發起神通。修得的話，是在這禪定裡面沒有神通，但是可轉觀而成。大部分而言神通都是自發的，有些修得，有些還有障礙，這障礙有外來障，也有內障——自己的障礙。

外來的障礙是說一些因緣讓他不能發起神通，譬如：屬於惡的方面，就是說他做了一些障礙之事，雖然他應該發起神通而不現起，轉修也難成。善的話，就是說由於要讓他安住，不讓他引發神通，而讓他的修行證量延緩，因為有些神通引起的話，會使他修行反而障礙了，因此來自佛菩薩或是上師的壓伏，讓他神通不現。

內發的話，就是說他自己有時候裡面的障礙，也是這兩個意思。一個是他身心的障礙因緣，如他本來可以有神通，但是因為身心狀況不好，像生病或是其他因緣，神通難現起。一種是說他應該有神通，但是由於他怕障礙正見的緣故，怕這世界因緣擾亂的緣故，所以他自障不令起。後者為善，前者為不善。

大家要了解，依據傳承而言，我的態度傾向不發神通，所以大家很難發起神通。我教大家修的禪法，都是很高階的禪法，如果在其他地方的話，神通早就了不得了。為什麼很難發起神通呢？如果我的門下一天，神通一定不起，我走的是比較艱難的路，所以大家要繞得比較遠一點。

「是人入初禪時，深觀根本世間三事，即能通達義世間相。」入初禪的時候，他深觀根本世間眾事，能通達義世間相，即前面所講的義世間相。「覺義世諦時，三昧智慧轉更深利」，你察覺這義世間的事諦的時候，這三昧智慧更加明利，這時候神通即發，自然發起神通，不須再刻意加修了。「更得色界四大，清淨造色眼成就」，這時候他得到色界四大，是他的色界中陰，禪定中陰轉成色界四大，由色界清淨四大所造的色眼成就，這就是天眼。「以此淨色之心眼徹見十方一切之色，事相分明，分別不亂，名天眼通。」他用清淨四大，色界之清淨四大成就得心眼，徹見十方一切之色，事相分明，分別不亂，得天眼通。

「所餘天耳、他心、宿命、身通，亦復如是。」天耳、他心、宿命也都是這樣，還有神足通也是如此。得到五通時怎麼樣？「得五通故，明見十方三世色心，境界差別不同。」得五通的緣故，能見十方三世的色心，十方三世這所有的外界的現象、境界及心念，種種差別不同。眾生的種類、國土的相貌，各有差別，「是為異見事世間也」，這就是我們能夠異見事世間。所以經典說：「深修禪定，得五神通。」這裡面有沒有提到如果證得初禪，能不能見得二禪天？能不能見得三禪天？這裡面沒有講。如果要講的話是說或能或不能，有些是不能，大部分來講恐怕是不能，因為四禪十四變化，高禪定能夠低禪化，而低禪要上禪化比較困難，在經論中有不同的說法。

在這樣的神通境界，能不能看到淨土呢？不一定看得到，染土可以看得到。染土和淨土有什麼差別？釋迦牟尼佛看娑婆世界是淨土，但我們看起來卻是穢土，怎麼會是淨土？這世界上我們可以看得到，有六道的眾生世界看得到，但是如果是真實的淨土，像極樂世界，不一定看得到，雖然在那邊，但不一定看得到，坐太空船去也看不到。但是有些人沒有得證清淨天眼，為什麼可以看到極樂世界？因為佛加持故。否則的話，修得通明禪，初禪得到五神通，就可以到極樂世界去？沒有這種事！外道修得五神通，都可以去嗎？不行的。

一般人有一個假設，以為當鬼以後，很多東西看得見。其實當鬼之後，比我們人更迷糊，他可以看得到我們看不到的東西，他可以看得到的世界也是心境所現，所以說鬼的眼睛也是限制很多，只是相對於我們，他可以看穿牆壁、山石之類的，因為鬼的眼比我們的肉眼銳利，所以一般人說鬼有天眼，是這樣而說的。鬼不一定看得到天人。我們要有正知正見，譬如有人會相約：「你死後，要回來告訴我到底有沒有淨土。」其實他死後最多只能告訴你有沒有鬼。要知道，有沒有淨土，要等他修到往生淨土，才能回來告訴你有沒有淨土。如果說一個鬼告訴你：沒有淨土，你不要相信，因為他比你無知，而且他們那邊書很少，如果就佛菩薩教學比率而言，也就是師資與學生的比例來說，他們是屬於超級大班制，我們是小班制，而且師資比較好一點。如果有人說當鬼的時候要好好修行，我可以告訴大家：沒機會的，人道修行的條件是最好的。

「第二、修得五通，見事世間者，如《大集經》言：法行比丘獲得初禪，入禪已，欲得身通」，要怎麼做？「繫心鼻端，觀息入出」，從繫心鼻端，觀這個息入出，禪定愈來愈深觀息入出之後，並非突然看見九萬九千毛孔息之出入，這是不可能的，是先觀息從鼻子這麼大的孔出入，愈來愈定，結果發現息不只從鼻孔出入，而是每一個地方都有息出入，九萬九千毛孔息之出入，見身悉空。這在修通明禪時會證得，但修隨息觀不會。

這時會突然看到整個身體像星系太空一樣，整個身體像太空那種感覺，會看到身體原來是這樣子，很不實在，愈來愈細看，乃至四大，也是這樣。地、水、火、風也是這樣，如是觀已，你會發覺到，這個事相是個很強力的支援，讓你不會去執著這個身體，因為現觀的緣故，所以能產生很強的力量支持你解脫。一般只是思惟，現在是從相上直接起觀，這是遠離色相的執著來獲得神通。

初禪之後才有這個境界，想要得到神通，繫心鼻端，再看，愈看愈細，愈看愈細，有初禪定，愈看愈細，毛孔出入愈來愈細，到處四大都是空，起先是相似的空間的空，到最後了悟地、水、火、風都是空。這樣的空，支持我們產生了義的空，而不只是空間的空。了義的空，又能夠了悟這個世間所有的相，不過都是空寂，所以所謂虛空，這四大地、水、火、風，都是如幻所生，所以會遠離色相，遠離色相的執著來獲得神通。所以從初禪到四禪都可以修，經中說要得神通，初禪以上可證得。初禪以下得，就不是禪定所得神通。

如果我們見到有人說自己有神通時，要問他是否入得禪定？如果沒有，那是報得的嗎？如果是報得，那就可憐了！報得神通表示前業很清淨，但這是指菩薩而言。我們可以看到很多人，有神通卻沒有定力與智慧，神通帶給他的人生只有苦痛而已！這是福報還是業障呢？傳說以前西藏有一個喇嘛，我們姑且把它當寓言看，有一個九頭喇嘛，他不是有九個頭，是只有一個頭，因為犯了罪，被抓去砍頭，砍掉一個頭又長出一個頭，轟動全城，旁人都讚歎：「這個喇嘛過去世修得多好！」結果連斬了九個頭，才把他殺掉。

「太了不起了！」旁人都欽佩他的神通境界，但另外一個大成就者卻歎息地說：「他是業障深重，人家死一次就好，業障很快就了了，他要死九次，九倍痛苦，你們還這麼羨慕他，最後還不是死了。」

我們對很多事情想法不要太世間化，要從多方面觀察，不要以為自己有神通就很了不起，沒有智慧光有神通的話，一輩子都很痛苦。我看過的人，除了那些轉世的大自在者、祖師外，一般的凡夫俗子有神通的話都是很痛苦的，要不就是變得奇奇怪怪，得到很奇怪的福報。還有些打著神通的幌子到處招搖撞騙，有些是真的有一點神通，但是自己搞不清楚，跟別人亂講，犯了大妄語戒。有些老實人就很痛苦，大家樂流行那時，很多人都去拜瘋子，嚇得有些瘋子爬到屋頂，不敢下來，因為每個人看到他，都要衝過來求明牌。真是業障啊！

初禪以上仔細思惟，「云何法行比丘獲得眼通？若有比丘得初禪，觀息出入，真實見色」，真實見到色相。息有息色，一切色都有色相，見到這個色相，細微細微再細微。見到這個色相之後，作是思惟：「如我所見三世諸色，意欲得見，隨意即見」，見到這個色相之後思惟，現在如我所見三世所有色相，如我現在想看見什麼色相，馬上就得到。就像一個有天眼通的人打坐，他不一定是馬上把你的身體看穿了，看到你身體之後的景象，那他影像重疊不是太複雜了嗎？這是很麻煩的，無法自制就不行。真正神通自在的人是怎樣呢？比如他現在要看你的肚子，有沒有偷吃什麼東西？若欲得見，隨意得見。隨意看火星上有沒有太空人，有些人沒事就看到別人身體的骨頭，他沒辦法控制這種力量，即使不想看也沒有辦法，這太不自在了！很痛苦。到四禪也是這樣，能隨心念想看才看得到。

「云何法行比丘得天耳通？憍陳如！若有比丘得初禪，觀息出入，次第觀聲。」剛剛是觀息、觀色，現在是觀聲，聽這聲相，乃至四禪亦復如是。現在能夠觀息出入。因為已經入定，現在聽聲音，很清楚明白，聽到聲音裡面的相，它不是總相，是別相，愈來愈細密，全部都聽得一清二楚。每一個聲音最後它的一個既成因緣都聽得很清楚之後，想不聽旁邊的聲音、要聽美國的聲音都可以，這是修天耳通。

「云何法行比丘得他心智通？若有比丘觀息出入，得初禪時，修奢摩他、毗婆舍那，是名他心智，乃至四禪亦復如是。」現在觀息出入得到初禪之後，開始修止，開始修觀，觀他人之心事，所以修奢摩他、毗婆舍那。就是這樣子，觀他人心裡，他心智，先止住自己的心再觀他人的心，不然在裡面自己的心跟他人的心搞在一起，變成共振，到底是誰的心跟誰的心？會搞不清楚。

「云何法行比丘得宿命智？憍陳如！若有比丘觀息出入，得初禪時，即獲眼通。獲眼通已，觀於初有歌羅邏時，乃至五陰生滅。」他現在用天眼通觀初有這受精卵的時候，乃至五陰生滅的整個過程都清楚。觀初有，觀前面過去生投胎的時候，只要獲得過去生投胎那一念之時，就是獲得初有，有些人觀到最後只觀到受精卵，還在黑暗裡面跑不出去。如果從這邊再往前推，打破了，破一世之後，再破上兩世應該沒什麼問題了。但是功力差的，還是沒辦法，要慢慢地觀，就像電腦的Index索引系統比較差的，要一個一個慢慢往前觀，大部分羅漢大概都是這樣子依序往前觀，只是速度快與否而已，他的編輯系統也是一樣，一頁一頁往前觀，但也有境界高的，像菩薩直觀前三十世，或前五百世等，可以馬上跳過去。

「既得五通，即能見十方三世、九道聖凡眾生種類、國土，所有一一相貌差別不同，是名修得神通。」這裡面是講得比較鬆，我認為有些境界不是神通得到的，有些眾生他看不到，有些聖者他看不到。九道聖凡，是六道加三道，其中沒有佛法界，因為得五通者還是看不到佛法界。其他九法界都看得到嗎？我認為不盡然。所以說他看得到菩薩道的話，應該是某些菩薩道。如果是極樂世界的方便有餘土，他看得到嗎？這還是值得爭議之地方。如果只是說有六道眾生的地方，他應該看得到。修得神通，見事世間，通達無礙，這是得五通。

(二)覺觀等五支的意義

第二、次釋成覺觀五支義。今先釋覺，亦為三義：一、下，二、中，三、上。下覺、大覺者，用天眼通徹見諸色，分別眾生種類非一，國土所有差別不同，名字亦異，故名為覺也。大覺者，即覺世間所有，但假施設，諦觀四大，即不見有世間差別之異，了了分明，故名大覺。餘四通亦爾。

第二、明次品覺、大覺者，用天眼通見四大色，即知其性各異，故名為覺。知四大無常生滅，性無差別，故名大覺。餘四通亦爾。

第三、明上品覺、大覺者，用天眼通明見無常之法，八相有異，是名為覺。覺知八相之法本來空寂，一相無相，故名大覺。餘四通亦爾。此則略說用五神通見事世間覺、大覺相。思惟、大思惟，觀於心性，成就覺支之相，類如前說，餘觀支、喜、安、定等，亦當如是一一分別。行者當知，若聲聞、緣覺得此禪故，依定獲得不壞解脫、無礙解脫、三明、六通，故名通明觀。若菩薩大士住此禪時，即得無礙大陀羅尼，乃至四禪亦復如是。

再來釋成覺觀五支義之「覺」：一、下，二、中，三、上。下覺、大覺者，「用天眼通徹見諸色，分別眾生種類非一，國土所有差別不同，名字亦異，故名為覺也。」這還是用假觀，用天眼通來觀察諸色分別，所有眾生種種種類都不同，國土各各差別不同，名字也有差別，所以說覺。他能夠完全清楚，看得一清二楚，覺世間假相，用天眼觀世間假相。大覺，即覺世間所有但假施設，這世間所有只是施設假名而已，不是真實的，所以仔細觀察四大，性無差別，不見到世間差異，能夠了了分明，所以名為大覺。

一個是假觀，一個是空觀。國土所有的差異不同，名字也不同，這是覺，一切色相都能夠看到；大覺是覺世間所有都是假名施設，諦觀四大的體性都是空寂，所以世間差別相只是因緣所生，同樣都是大覺。天眼通、天耳通、他心通、宿命通、神足通也都是這樣子。

再來，中品的覺、大覺，用天眼通見四大色，雖然說它是體性一樣，自性是一樣，但現起的特性卻有差別，地大堅、水大溼、火大暖、風大動，這四大性質有差別，而且作用有別，這是覺。現在了知四大是無常生滅，體性其實都是空的，都是沒有什麼差別的，這是大覺，其他四通也是如此。

再來，上品的覺、大覺，用天眼通觀察十方世界，結果發覺到它雖然無常，性無差別，但是它卻有生、住、異、滅、生生、住住、異異、滅滅，無常裡面也有生、住、異、滅的差異，這是覺。現在覺知八相的法本來空寂，是無相，是法界相，所以名為大覺。其餘四通也是這樣。這是略說用五種神通來見到世間眾事，來成就覺、大覺的相貌。再來「思惟、大思惟，觀於心性，成就覺支之相」，也是如同前面所說。覺、大覺，思惟、大思惟，觀於心性，這是覺支。觀支、喜支、安支、定支，也當如此分別。

現在講證量，「行者當知，若聲聞、緣覺得此禪故，依定獲得不壞解脫、無礙解脫、三明、六通，故名通明觀。」如果聲聞、緣覺證得這個禪觀，依這個定獲得不壞解脫，無礙的解脫，能夠獲得三明、六通，成證大阿羅漢，成證緣覺。阿羅漢有次第，緣覺無次第；緣覺是利根，阿羅漢是鈍根。所以鈍根有初、二、三、四果，利根只有悟與不悟。緣覺悟則成悟，不悟則是凡夫。聲聞有四果：初、二、三、四果，這是鈍根，依佛教化次第而行，這是不同的。所以二乘行人的心，不樂於救度一切眾生，不樂於大悲，鈍根者且修聲聞，利根者修緣覺，緣覺能夠自然法爾成道，這是有差別的。以上是聲聞、緣覺的禪觀。

菩薩大觀又不同，菩薩大士修這個禪法的時候，能夠得到無礙大陀羅尼，寶炬陀羅尼。大陀羅尼，廣明的話，就是能夠具足一切陀羅尼。乃至四禪，亦復如是。

之前所講授的數息觀、六妙門，到十六特勝、通明禪法，雖然所說的方法不同，但是這次講授的通明禪觀，有沒有辦法幫助大家修六妙門？可以的。我們這樣了知通明禪，或許以後各位不是專修通明禪，但是這樣重新回修六妙門，是不是更不同？這樣我們上課就有意義了。這個意義是什麼？你們不要說：「這個法我不喜歡，這個法我沒有興趣，不淨觀太可怕了，我沒有興趣。」另一個則是說：「不淨觀好，我要修。」不要因為這個法你有興趣才來聽，那個法沒有興趣就不來。如果真的是時間不夠的話，還是要抉擇，選擇與你自己相應的法門來修，選擇相應的主題來上課。但是如果心有餘力的話，不要因為這個法自己沒有興趣，或跟自己的修法無關就不來上，這樣你會發覺到其實是自己的損失。

像這次通明觀的講法，與講六妙門、十六特勝時不一樣，雖然同樣是以呼吸為主的修持法門，但三者還是有差異。如果是修數息觀、修六妙門的人，聽了通明禪再回去修，幫助一定很大。同樣的，現在要修通明禪的人，前面兩個法門幫助也很大。禪定每一個法門，都會互相支援，大家要有這樣的體會。

「菩薩大士住此禪時，即得無礙大陀羅尼。」我們要了知：一個菩薩行者對任何一個法門，都要修學，因為這無礙大陀羅尼是寶炬陀羅尼，是旋陀羅尼。大家有沒有這種體會呢？智者大師的法門是旋陀羅尼，轉來轉去，他的智慧、體用，他對一切法的體會，還是從旋陀羅尼出生的。

證得旋陀羅尼的人能轉動這一切，得寶炬陀羅尼的人也能含證旋陀羅尼。如果一個得到旋陀羅尼的人，沒有得到數息，沒有得到通明禪，沒有得到十六特勝，沒有得到不淨觀，沒有得到種種禪法，這不是很奇怪嗎？乃至不能由此領悟到所有的本尊觀法，不是很奇怪嗎？這一套理論，光是《釋禪波羅蜜次第法門》第八卷這一套，如果說在西藏某些修行的人看到的話，用這一套就可以造出許多儀軌、四灌修法。其中須以義為根本，事相要證得，事要回證到理，理要與事相應，到最後一切無礙，是無礙大陀羅尼。

第四章　通明禪二禪以上的修證境界

一、二禪的修證境界

次明二禪。自此已下，乃至非想滅定禪門，轉復深妙，事相非一，寧可具辯？今但別出經文，略釋正意而已。所言二禪者，經云：二禪者，亦名為離，亦名為具。離者，同離五蓋；具者，具足三支，謂喜、安、定。

釋曰：行者於初禪後，心患初禪覺觀動散，攝心在定，不受覺觀，亦知上地不實，諦觀息、色、心三性，一心緣內，覺觀即滅，則發內淨大喜三昧，於定內見身如泡，具二禪行。

「次明二禪。自此已下，乃至非想滅定禪門，轉復深妙」，自此之後乃至非想非非想定，乃至滅盡定禪門，愈轉愈深妙，「事相非一，寧可具辯？」這裡面愈來愈妙，初禪就如此了，何況是二禪、三禪、四禪、空無邊處定、識無邊處定、無所有處定、非想非非想處定，乃至滅盡定？所以愈來愈深，愈來愈妙，事相非一，是無法具足來說的。「今但別出經文，略釋正意而已」，今天只是簡略敘述其意。

所謂二禪，二禪亦名為「離」，亦名為「具」。離者，同離五蓋，具者，具足三支。初禪、二禪都是有「離」有「具」，具者不同，離者同離五蓋。二禪具足三支：喜、安、定，一般說二禪四支是內淨、喜、樂、一心。此處是以喜來應內淨，喜、安、定三支。所以說這四支、三支或五支，有時是分類的差別而已。它解釋行者在初禪之後「心患初禪覺觀動散，攝心在定，不受覺觀」，在初禪之後「心患初禪」、在看了很多的現象之後，動亂我們的心了，所以攝心在定，不受覺觀。

不受覺觀之後，「亦知上地不實」，覺初禪這個境界不實在，仔細觀察息、色、心三性，「一心緣內」，仔細觀察息、色、心，同樣的境界裡面，我們不要以為前面的觀法都不算，不是的，同時還是在觀息、色、心，一層一層在剝。一心緣內，一心緣於內淨，覺觀消滅了，不從外相去覺觀，完全緣於你的定境、定心的內淨上面去了。息、色、心完全緣於內淨，息、色、心的體性，下面的覺觀則發內淨大喜三昧。

在這定中，見到身如泡，具二禪行。這身感覺到像泡沫一樣，很清楚地像泡沫，一個一個泡沫。如果在生起次第修本尊觀時，最後要觀本尊身如虹彩、如泡，連指甲都如是觀。見身如泡，這是現證，具二禪行。

二、三禪的修證境界

次明三禪，經云：三禪者，亦名為離，亦名為具。離者，同離五蓋；具者，具足五支，謂念、捨、慧、安、定。

釋曰：行者於二禪後，心患厭大喜動散，攝心不受，亦知上地不實，攝心諦觀，喜法即謝，發身樂，即於定內見身如雲，成三禪行。

三禪，經云：「三禪者，亦名為離，亦名為具。」同樣的「同離五蓋」，具者是「具足五支」，謂念、捨、慧、安、定。行者在二禪之後，心患厭大喜，大喜湧動心，攝心不受，這大喜是指定生喜。攝心離喜，離喜受，不受這個喜。也知道二禪不實，攝心諦觀，攝心在觀，攝心是止，從止產生觀，觀中又生止，止中又生觀。這裡不離欲，了知一切如幻，若止於體真，能夠出生體真止，攝心仔細觀察，喜法就謝了。本來大喜湧動心，從內心中起大喜，現在喜法謝了，整個遍身大樂，這樂是普遍性地出現，不是從定，而是直接由心裡面湧動而起，是遍身綿綿密密之樂。見身如雲，更細密了，心眼的明利不可思議，所以會有這種現象，見身如雲，成三禪行。

三、四禪的修證境界

次明四禪相，經云：四禪者，亦名為離，亦名為具。離者，謂同離五蓋；具者，具足四支，謂念、捨、不苦不樂、定。

釋曰：行者於三禪後，心厭患樂法，一心不受，亦知四禪非實，諦觀三性，即豁然明淨，三昧智慧與捨俱發，心不依善，亦不附惡，正住其中，即於定內見身如影，具四禪行。

四禪也有「離」與「具」，「離」和前面一樣是離貪欲、瞋恚、睡眠、掉悔、疑五蓋，「具」是具四支：念、捨、不苦不樂、定。

「行者於三禪後，心厭患樂法，一心不受，亦知四禪非實，諦觀三性」，行者在此了知四禪亦非實相，仔細觀察色、息、心三性，「即豁然明淨，三昧智慧與捨俱發」，四禪又稱捨俱禪，「心不依善，亦不附惡，正住其中，即於定內見身如影，具四禪行。」看到身如影。身如影，有光，如影翳，如薄膜，是這樣的。有時會現起如透明水晶，但是這只是勉強比喻，因為這和法身的示現不一樣，它沒有那麼具體，應該是說有點透明相現起，很明亮，內外明透，所以身如影。但因其功德不同，所以菩薩、聲聞、緣覺、凡夫同證此禪，但所現起境界就有別。

四、空無邊處定的修證境界

次明空處，經言：觀身厭患，遠離身相，一切身觸、喜觸、樂觸，分別色相，遠離色陰，一心觀無量空處，是名比丘得空處定。

釋曰：此可為二義：一者、通觀上下，二者、但約自地及以上。通上下者，經觀身厭患，遠離身相者，深知欲界之身，過罪非一，身分皆不可得也。身等三觸，對初禪、二禪、三禪對可見。分別色相者，分別欲界色身，乃至四禪色，一一別異不實，亦知空處未離色法也。遠離色陰及觀無量空處者，並如前根本禪內，滅三種色法，與虛空相應也。

二、並約自地釋者，觀身厭患，遠離身相者，厭患如影之色覆蔽於心，觀此影色亦不可得也。身等三觸者，別喜根前已壞，此是四禪色起觸，心生三觸也。分別色相者，分別四禪喜樂及如影之色皆虛誑也。遠離色陰及觀無量空處，不異前說。

「次明空處，經言：觀身厭患，遠離身相，一切身觸、喜觸、樂觸，分別色相，遠離色陰，一心觀無量空處，是名比丘得空處定。」所以說有身，有透明身，還是一個障礙，所以觀身厭患，遠離身相，連如影之身也遠離了。一切初禪的身觸、二禪的喜觸、三禪的樂觸，還有四禪的不苦不樂觸，分別色相都遠離了。所有的分別色相都遠離了色蘊，一心觀無量空處，是名比丘得空處定。外界一切色相要遠離，可見有對色要遠離，不可見有對色也要遠離，不可見無對色也要遠離。四禪最特別的地方就在於「不可見無對色」，也就是在我們的意識裡面對色塵的記憶，這種色塵的記憶很難破除，我們要把它破掉。就是說前面可見有對色、不可見有對色破除掉之後，一心觀無量空處，破不可見無對色。把自己內心中對色塵印象殘存的執著打破，則比丘得空處定。

「釋曰：此可為二義：一者、通觀上下，二者、但約自地及以上。」通觀上下是，「經觀身厭患，遠離身相者，深知欲界之身，過罪非一，身分皆不可得也。身等三觸，對初禪、二禪、三禪對可見。分別色相者，分別欲界色身，乃至四禪色，一一別異不實，亦知空處未離色法也。遠離色陰及觀無量空處者，並如前根本禪內，滅三種色法，與虛空相應也。」這裡面這樣說很清楚，一個通觀上下，一個是約自地以上。通觀上下是觀身厭患，遠離身相，知道欲界的色身，過罪非一，所以身分不可得。欲界身，過罪非一，把身分去除，都不可得，要遠離。身等三觸，這是對初禪、二禪、三禪所說的身觸、喜觸、樂觸。

「分別色相者，分別欲界色身，乃至四禪色，一一別異不實，亦如空處未離色法。」就是說，分別色相，我們分別欲界的色身，還有初禪、二禪、三禪、四禪的色一一別異，都是虛幻的。「亦如空處未離色法」，是說「空」與「色」的體性是一，空處未離色法，色法未離空處，所以我們遠離色蘊，能夠觀察無量空處。如之前我們講授的根本禪當中，滅三種色法，即可見有對色、不可見有對色、不可見無對色，這三種色法我們都全部滅除，然後和虛空相應。但這邊它加上慧觀，一切體性是一，要滅除這種色法，所以說虛空相應，色如空如。

「並約自地釋者，觀身厭患，遠離身相者，厭患如影之色覆蔽於心，觀此影色亦不可得也。」前二句是說厭患我們如幻如影的色相，覆蔽我們的心，所以觀影色也不可得。「身等三觸者，別喜根前已壞，此是四禪色起觸，心生三觸。」它是別解。「別喜根前已壞」，是說我們前面初、二禪的喜根在四禪已壞，四禪是俱捨禪，不苦不樂。但是四禪色，由四禪如影之色起觸。這邊把四禪色又說得更細密了，四禪的地、水、火、風，還是有地、水、火、風的色相，還是會碰觸此身而生起身喜樂觸。所以前面所說的不苦不樂是對初分而言，而不是對究竟分而言，此層層剝入，接著又說四禪可以生起身喜樂觸，這是對不苦不樂而言轉深意來說，循環而說。「分別色相者，分別四禪喜樂及如影之色皆虛誑也。遠離色陰及觀無量空處，不異前說」。和前面一樣，證入空處。當大家看通明禪至此時，要前後對觀，這樣建構起來比較清楚。

五、識無邊處定的修證境界

次明識處定相者，經言：若有比丘修奢摩他、毗婆舍那，觀心意識，自知此身不受三受，以得遠離是三種受，是名比丘得識處定。

釋曰：心意識者，心者，即是捨空定，緣三性入識處定。行者用三昧攝智慧，雖知三性不實，為免空難，一心緣識，即入識處定也。自知此身不受三受者，緣色四句，空處雖離初句，而猶受後三句。今識處緣識入定，則迴離色界四句，所有四受悉屬於識，故云自知此身不受三受，亦得言不受苦樂等三受也。已得遠離是三種受，名識處定相。

比丘修止、觀，「觀心意識，自知此身不受三受，以得遠離是三種受，是名比丘得識處定。」三種受指的應是受、想、行。心者，即是捨空定，緣色、息、心三性入識處定。「行者用三昧攝智慧，雖知三性不實，為免空難，一心緣識，即入識處定。」首先，我們修止，從空處定，這時要修觀、起觀，要觀察我們的心意識，觀察心。本來是心住空定，現在我們要遠離空定。

觀心是捨空定，以三昧智慧來了解一切體性不實，心也不實，空定也不實，了解空不實。心住於空，空不實，為了免除空的障礙，因此一心緣於意識，所以觀心意識，「自知此身不受三受」。修奢摩他的時候，我們先修止再修觀，觀察我們的心意識，觀察心，因為心住於空定，觀察這心不能住空。心不能住空是什麼意思呢？我們意識思惟，知道此身是由空所俱成，空是由受、想、行、識所俱成，受、想、行這三受，我們不受、遠離，一切苦、樂、眾受我們遠離，當我們遠離前面這三種受時，就證入相續無邊的意識，所以說自住識無邊處定。

以下，「自知此身不受三受者，緣色四句，空處雖離初句，而猶受後三句。今識處緣識入定，則迥離色界四句，所有四受悉屬於識，故云自知此身不受三受，亦得言不受苦樂等三受也。」這裡用辯證法也可以，這是把「色」用佛法的四句來解說，所以色也非色、非非色，但我們修到這個時候，不要利用這種方式，要直觀，把受、想、行直接消除，就可以了入識無邊處定。所有的識受都是屬於識，受、想、行、識都是識的分別的作用，「已得遠離是三種受，名識處定相」。

六、無所有處定的修證境界

次明少識處定相者，經言：若有比丘觀三世空，知一切行亦生亦滅，空處、識處亦生亦滅。作是觀已，次第觀識，我今此識亦非識非非識。若非識者，是名寂靜，我今云何求斷此識？是名得少識處定。

釋曰：觀三世空，一切諸行亦生亦滅者，深觀自地及上下心數悉是有為之相，虛誑不實。次第觀識者，是觀識處亦識。非識非非識者，即通知所有法不可得也。若非識者，是名寂靜，我今云何求斷此識者，即是念滅識之方便，緣非識之法，入少識處定也。

「次明少識處定相者，經言：若有比丘觀三世空，知一切行亦生亦滅，空處、識處亦生亦滅。作是觀已，次第觀識，我今此識亦非識非非識。若非識者，是名寂靜，我今云何求斷此識？是名得少識處定。」「少識處」是指無所有處。比丘現在進入觀三世空了，因為識無邊處定進入念念相續的三世，了知一切行亦生亦滅，是在生滅當中破。「空處、識處，亦生亦滅」，一切行都是亦生亦滅，在三世當中一切都亦生亦滅。空處、識處，這種種眾定都是亦生亦滅，這樣觀察之後，再來觀察我們的意識。這個意識，其實是非識非非識，遠離不是識，也不是非非識，因為這個識有識作用，但是識的主體性是空，所以是非識，但是有識卻是非非識，所以要遠離雙邊。「若非識者，是名寂靜」，如果不是識的話，就叫作寂靜。現在為何要求斷此識呢？我根本不必斷，何必去求斷這識？這時候自然安住寂靜，所以得少識處定、無所有處定。

「釋曰：觀三世空，一切諸行亦生亦滅者，深觀自地及上下心數悉是有為之相，虛誑不實。次第觀識者，是觀識處亦識。非識非非識者，即通知所有法不可得也。若非識者，是名寂靜，我今云何求斷此識者，即是念滅識之方便，緣非識之法，入少識處定也。」現在是說我如何來求斷這個識，希望得到滅識的方法，現在它緣非識寂靜的方法，所以入少識處定。在識無邊處的時候，次第觀察識，了知這識的體性是空，了知體性是空之後，自然而然把識滅了，就入無所有處定。如果照這種說法，我們看看前面的說法：它的方法也是把空無邊處定用上下齊觀，它的下觀色、息、心三者，然後三性入識處定，也可以這樣說，但是經文並沒有如此說。

七、非想非非想處定的修證境界

次明非想定者，經言：若有比丘有非心想，作是思惟：我今此想是苦是漏，是瘡是癰，是不寂靜。若我能斷如是非想及非非想，是名寂靜。若有比丘能斷如是非想非非想者，是名獲得無想解脫門。何以故？法行比丘作是思惟：若有受想，若有識想，若有觸想，若有空想，若非想非非想，是等皆名粗想。我今若修無想三昧，則能永斷如是等想，是故見於非想非非想，為寂靜處。如是見已，入非非想定已，不受不著，即破無明；破無明已，名獲阿羅漢果。

釋曰：有非心想者，即無想定也。是苦是漏等，即是觀無想定過罪也。若我能斷如是非想及非非想，是名寂靜。非想者，即是無想定也。及非非想者，已逆見上地之過，應斷除。是寂靜者，破非想定，故獲涅槃之寂靜也。

若有比丘能斷如是非想，獲得無想解脫門者，一切三界之定，皆名為想。今斷此想，獲得無想三昧，即能於非想定破無明，發無漏，得阿羅漢果，證涅槃也。法行比丘若有受想已下，即是重釋出上意，義可見也。

又經言：前三種定，二道所斷；後第四定，終不可以世俗道斷。凡夫於非想處雖離粗煩惱，而亦具有十種細法。以其無粗煩惱故，一切凡夫謂是涅槃。廣說如經。

釋曰：此明凡夫等智於非想不能發無漏也。

次經云：憍陳如！若比丘修習聖道，厭離四禪、四空處，觀於滅莊嚴之道者。

釋曰：此明通觀，於想後得入滅盡也。此義，下背捨中當具說。

行者入此法門，不取實際作證，具足大悲方便，一切佛法起六神通，度脫眾生，即是約一種法門，明摩訶衍也。

「次明非想定者，經言：若有比丘有非心想，作是思惟：我今此想是苦是漏，是瘡是癰，是不寂靜。若我能斷如是非想及非非想，是名寂靜。」前面是非識，就是非心想，前面用非識的方法來處理少識處定。但是現在要斷非識處，所以作是思惟：我現在這個非心之想，非識也是一種想，「是苦是有漏，是瘡是癰，是不寂靜」，我們剛才看到「若非識者，是名寂靜」，現在又不是寂靜了，所以一層斷一層。「若我能斷如是非想及非非想，是名寂靜。」後面這邊恐怕在非想非非想入定，在入定非想非非想的同時，要斷非想非非想處嗎？我們看看智者大師是如何處理的：

「若我能斷如是非想及非非想，是名寂靜。若有比丘能斷如是非想非非想者，是名獲得無想解脫門。」現在比丘說能斷非想非非想，這是獲得無想解脫門。「何以故？法行比丘作是思惟：若有受想，若有識想，若有觸想，若有空想，若非想非非想，是等皆名粗想。我今若修無想三昧，則能永斷如是等想，是故見於非想非非想，為寂靜處。如是見已，入非非想定已，不受不著，即破無明；破無明已，名獲阿羅漢果。」

這邊我們要仔細了解，此處的非想非非想處定，已經不等於前面的非想非非想處定了，因為前面的非想非非想處定，除非你再滅非想非非想處定，入於滅盡定，否則不能夠成證解脫，因為它不是解脫處。所以在根本禪中，這四禪八定的非想非非想處定，是沒有辦法解脫的定，是沒有辦法破除煩惱的定。前面七處都能夠得到金剛三昧，但是非想非非想處就不行。除非從非想非非想處定，又進入滅受想定，所以這邊說在非想非非想入定，但是又是得證破無明，可見意義上已經有所差別。

我們重新再看一遍，法行比丘如此思惟：若有受想，若有識想、觸想，受想、識、觸、空，乃至非想非非想，這些都是粗想，這些都是有相的粗想。現在我要修無想三昧，就是滅盡眾想，能永斷這些想，所以說能夠見到非想非非想，為寂靜處，如是見已，入非想非非想處定，之後不受不著，這才是根本，不受不著這非想非非想處定，馬上能立破無明，破無明之後，在這邊就得到阿羅漢果。

「釋曰：有非心想者，即無想定也。是苦是漏等，即是觀無想定過罪也。若我能斷如是非想及非非想，是名寂靜。非想者，即是無想定也。及非非想者，已逆見上地之過，應斷除。是寂靜者，破非想定，故獲涅槃之寂靜也。若有比丘能斷如是非想，獲得無想解脫門者，一切三界之定，皆名為想。今斷此想，獲得無想三昧，即能於非想定破無明，發無漏，得阿羅漢果，證涅槃也。法行比丘若有受想已下，即是重釋出上意，義可見也。」

這裡面要解說是很困難的，因為它的意義和前面又有差別，所以修法也會有所差別。因此用前面的定義來解釋，則會產生對立。在這邊解說「有非心想」是無想定，要斷無想定的過患，要斷非想也斷非非想。非非想是逆見上地的過錯，也要斷除。寂靜是破非想定，但是剛剛是寂靜，現在又不寂靜了，所以要斷。斷這個之後，還要斷雙邊之過，斷非想非非想是雙邊之過，你斷這個過，同時也要斷那個過，所以斷雙邊的過錯，可以得到涅槃寂靜。一切眾想，不管是非想或非非想，都是屬於非想，一切眾想要全部斷除，斷除盡淨，就能得到無想解脫門。

「一切三界之定，皆名為想。」非非想是根本四禪八定中的非想非非想，是不是屬於想？是的。所以在這邊要斷這個想，而獲得無想三昧。在一切三界的最高定當中，斷除三界定的障礙，而在四禪八定的非想非非想處定中，斷破無明，發無漏，得阿羅漢果，證得涅槃。但在裡面，其實如果它轉下去的話，是不是就可以進入滅盡定？同時也是九次第定的意思。所以這裡面入非想非非想定滅，它的意思和入滅盡定的意思，其實差別不大，和無想三昧差別不大，但是在經義上面它是如此解說。很多的經義解說都是在對緣、對機的情況之下，隨緣所說。我們現在要把所有不同的經典都對照起來的話，有時候會產生差別、產生困難。但是如果我們義理方面能夠通達，隨義不隨緣，必然能完全通達它的意思；在修行上也能夠得到圓滿。以上說明修證通明禪四禪八定。

「又經言：前三種定，二道所斷；復第四定，終不可以世俗道斷。凡夫於非想處雖離粗煩惱，而亦具有十種細法。以其無粗煩惱故，一切凡夫謂是涅槃。廣說如經。釋曰：此明凡夫等智，於非想不能發無漏也。次經云：憍陳如！若有比丘修習聖道，厭離四禪、四空處，觀於滅莊嚴之道者。釋曰：此明通觀，於想後得入滅盡也。此義，下背捨中當具說。行者入此法門，不取實際作證，具足大悲方便，一切佛法起六神通，度脫眾生，即是約一種法門，明《摩訶衍》也。」

在第四種定當中，還是屬於世俗道，還有細分的煩惱，但是粗煩惱已經被降伏了，凡夫以為這是涅槃。所以凡夫在非想不能發無漏，「非想」是指

「非想非非想處定」，不能發無漏。我們要把主要的意義掌握住，不要為文句所障。

接下來，「次經云：憍陳如！若比丘修習聖道，厭離四禪、四空處，觀於滅莊嚴之道者」，這裡解釋說，此通明觀，到最後得入滅盡定，即比丘來修習聖道，又厭離四禪、四空定，到最後入滅盡定。再下面是說菩薩行人，入這個法門，不取實際作證，不證入涅槃。菩薩具足大悲的方便，從一切佛法當中起六神通，度脫一切眾生，這是廣大的摩訶衍行。

從初分講到這邊，要細講的話還有很多，現在就先說到這邊。

前面說到「前三種定，二道所斷；後第四定，終不可以世俗道斷。凡夫於非想處雖離粗煩惱，而亦具有十種細法。以其無粗煩惱故，一切凡夫謂是涅槃。廣說如經。」這是在說第四禪八定的第八定非想非非想處定，它具足了這十種細法煩惱。這裡雖然和前面的說法有些不相應，但是也沒有完全衝突，因為它說「終不可以世俗道斷」，就世俗道是不是可以斷呢？這樣的說法也是可以的。

下面解說道：凡夫的智慧在非想非非想處，不能發起無漏智慧。但是前面說可以，那是用無漏道的智慧，有漏道是世俗道，所以在這裡又加九次第定。所以這裡說非想非非想處定，在無漏道中還是可發成智慧的，在凡夫道、世俗道中不可以。因此後面接著說：「憍陳如！若比丘修習聖道，厭離四禪、四空處」，從非想非非想處定又上觀，「觀於滅莊嚴之道」，這是滅盡定，滅莊嚴之道就是滅盡定，九次第定成就。「釋曰：此明通觀，於想後得入滅盡也」，這是滅盡定。所以我們在這法門當中，還是不取實際作證，不證入涅槃，具足大悲方便，從一切佛法當中起六種神通來度脫眾生，這是成證摩訶衍，成證菩提，成證無上菩提道，成證菩薩的波羅蜜。

通明禪，大家前後對照著看，回去之後要善修善學。通明禪從前面的部分，到修習的方便，首先是觀如心相，通觀色、息、心三者，同息道上面來觀察，調和氣息。氣息遍身出入，慧心明利。息，入無積聚，出無分散，來無所經由，去無所履涉。息入出遍身，如空中風，性無所有。所以首先觀息要如心。

再來是色如。色身是空的，是假名，是四大造色所圍虛空，而成為假身，都是先世的妄想因緣，招感今世。這是觀色如。

再來觀心如。因為有心的緣故，所以身色才能去來轉動；如果離開心，又怎能分別色？怎能造作？所以從觀如心相到色如、到心如，這三者成就是如心。

如此的次第觀，愈觀愈細，到了能成證時，倒是要善觀整個內世間、外世間，一切法界都是心、息、身三者相應如一。三者的體性空寂無二無別，都是如幻。但如幻當中又能夠起差別，差別中如幻，如幻中起差別，相互作證，到最後成證中道第一義諦。因此在修行通明禪的時候，能夠轉動自己的身心，轉動整個外法界，能夠轉動一切法界，能夠發起大慈悲心，度脫一切眾生，但是又不執著。如通明禪能夠轉動，成證寶炬陀羅尼，能夠發光，能照映，救度一切眾生。

通明禪到此已和大家解說完畢，再來就是看大家如何去修行。希望大家在佛法道上能夠日益精進不退轉，千萬不要怕，發起大悲心來救度一切眾生，因為眾生甚可悲憫！

願以此功德　迴向眾有情
具足通明禪　圓滿現成佛

南無　本師釋迦牟尼佛
南無　通明禪法
南無　通明禪歷代傳承祖師菩薩

附錄　釋禪波羅蜜次第法門卷第八

隋　天台智者大師說
弟子法慎記　弟子灌頂再治

釋禪波羅蜜修證第七之四（修證通明觀）

今辨此禪，大意為三：一者、釋名，二者、辨次位，三者、明修證。

一、釋名者，所以此禪名為通明觀者，此觀方法出《大集經》文，無別名目。北國諸禪師修得此禪，欲以授人，既不知名字，正欲安根本禪裡，而法相迴殊。若對十六特勝，則名目全不相關。若安之背捨、勝處，觀行方法條然別異。既進退並不相應，所以諸師別作名目，名為通明觀禪。或有說言《華嚴經》有此名目。所言通者，謂從初修習，即通觀三事。若觀息時，即通照色、心；若觀色乃至心亦如是。此法明淨，能開心眼，無諸暗蔽，既觀一達三，徹見無閡，故名通明。

復次，善修此禪，必定能發六通、三明，故《大集經》明：法行比丘修此禪時，欲得神通即能得之。今言通者，即是能得六通；明者，即是能生三明。此因中說果，故言通明觀。

問曰：「餘禪亦能發六通、三明，何故獨此禪說為通明？」

答曰：「餘禪乃有發通明之義，不如此禪利疾，故名通明。」

問曰：「如《大集經》亦有別釋此禪名義，故經言：所言禪者，疾故名禪。疾大疾、住大住、寂靜觀、滅達離，是名為禪。今何故別立名耶？」

答曰：「彼經雖有此釋，於義乃顯，而名猶漫，既不的有名目，故復更立通明之名。」

第二、明次位者，此禪無別次位，猶是約根本四禪、四空立次位。但於一一禪內更有增勝，出世間觀定之法，能發無漏及三明、六通疾利。亦於非想後心，滅諸心數入滅受想定，故不同根本。暗證取著，無有神智功能；是故雖復次位同於根本，而觀慧殊別，恐人謬解，故立別名。雖名有異，而次位無差。

問曰：「若此禪得入滅定，與九次第定有何異耶？」

答曰：「修此定時，心心無間，亦得說為九次第定，然終非是具足九次第定法，是事在下自當可見。若比准《成實論》解，九定、八解亦是具足。」

第三、明修證，此禪既無別次位，還約根本次位辨修證也。

第一、先明修證初禪之相，如《大集經》說：言初禪者，亦名為具，亦名為離。離者，謂離五蓋，具者，謂具五支。五支者，謂覺、觀、喜、安、定。云何為覺？如心覺、大覺，思惟、大思惟，觀於心性，是名為覺。云何為觀？觀心行、大行、遍行、隨意，是名為觀。云何為喜？如真實知、大知，心動至心，是名為喜。云何為安？謂心安、身安、受安，受於樂觸，是名為安。云何為定？謂心住、大住，不亂於緣，不謬，無有顛倒，是名為定。即是彼經略釋修證通明初禪之相。

推此經文所明五支，則與餘經論所明大異，故須別釋。

今先釋如心。如心者，即是初禪前方便定發也，亦即是未到地。但證不孤發，要由修習。云何修習？行者從初安心，即觀於息、色、心三事，俱無分別。觀三事者，必須先觀息道。云何觀息？謂攝心靜坐，調和氣息，一心諦觀息想，遍身出入，若慧心明利，即覺息入無積聚，出無分散，來無所經由，去無所履涉。雖復明覺，息入出遍身，如空中風，性無所有，是則略說觀息如心相。

次觀色如。行者既知息依於身，離身無息，即應諦觀身色如。此色本自不有，皆是先世妄想因緣，招感今世，四大造色圍虛空故，假名為身。一心諦觀，頭等六分、三十六物及四大、四微，一一非身，四微、四大亦各非實，尚不自有，何能生六分之身、三十六物？無身色可得，爾時心無分別，即達色如。

次觀心如。行者當知，由有心故，則有身色，去來動轉，若無此心，誰分別色？色因誰生？諦觀此心藉緣而有，生滅迅速，不見住處，亦無相貌，但有名字，名字亦空，即達心如。行者若不得三性別異，名為如心。

復次，行者若觀息時，既不得息，即達色心空寂。何以故？三法不相離故，色心亦爾。若不得色心三事，即不得一切法。所以者何？由此三事和合，能生一切陰、入、界，眾苦煩惱，善惡行業，往來五道流轉不息。若了三事無生，則一切諸法本來空寂，是則略說修習如心之相。

第二、明證相。此亦具有證欲界、未到地相。行者如上觀察三性，悉不可得，其心任運，自住真如，其心泯然明淨，名欲界定。於此定後心，依真如法心，泯然入定，與如相應，如法持心，心定不動，泯然不見身、息、心三法異相，一往猶如虛空，故名如心，即是通明未到地也。

次釋初禪發相，如前引經說，此應具釋五支證相。今先據覺支為本，覺義既成，釋餘四支則從可見。所以經言：覺、大覺。覺者，覺根本禪，覺觸發相，故名為覺。此事如前說，但輕重有異。大覺者，豁然心目開明，明見三事發相，名為大覺。此傍釋未是正意。

復次，今當分別覺、大覺義。所言覺者，覺世間相也。大覺，出世間也。此即對真俗二諦釋之，亦有漏、無漏，義意在此。

今明世間則有三種：一、根本世間，一期正報五陰是也。二、義世間者，知根本之法與外一切法，義理相關也。三、事世間者，發五通時，悉見一切眾生種類及世間事也。世間既有三種，出世間對世間亦為三。所以者何？眾生根有下、中、上，利鈍不等，是故雖同證此初禪，境界淺深其實有異，故須約三義分別證初禪不同。

第一、先釋約根本世間、出世間，明覺、大覺五支，成初禪之相。即為二意：第一、先明初禪發相，第二、即釋成覺、大覺五支差別之相。

第一、先明初禪發之相，即為三意，品次不同：一者、初發，二、次，

三、後。

一、初發相。行者發初禪時，即豁然見自身九萬九千毛空疏，氣息遍身毛孔出入。雖心眼明見遍身出入，而入無積聚，出無分散，來無所經由，去無所履涉，即見身內三十六物一一分明。三十六物者，諸髮毛、爪齒、薄皮厚皮、筋肉、骨髓、脾腎、心肝肺、小腸大腸、胃胞膽、屎尿垢汗、淚涕、唾膿、血脈、黃痰白痰、癊肪刪、腦膜。此三十六物，十是外物，二十六是內物；二十二是地物，十四是水物。已見風、水、地相分明，復覺諸物各有熱氣煎煮，火相分明。觀此四大猶如四蛇同處一篋，四大蚖蛇其性各異，亦如屠牛之人分肉為四分，諦觀四分各不相關，行者亦爾，心大驚悟。

復次，行者非但見身三十六物，四大假合不淨可惡，亦覺知五種不淨之相。何等為五？一者、見外十物相不淨，心生厭患，是名自相不淨。二者、見身內二十六物，內性不淨，是名自性不淨。三者、自覺此身從歌羅邏時，父母精血和合以為身種，是名種子不淨。四者、此身處胎之時，在生熟二臟之間，是名生處不淨。五者、及其此身死後，捐棄塚間，壞爛臭穢，是名究竟不淨。當知此身從始至終，不淨所成，無一可樂，甚可厭惡。我為無目，忽於昔來，著此不淨臭爛之身，造生死業，於無量劫，今始覺悟，悲喜交懷。五種不淨，如《摩訶衍論》廣說。

復覺定內心識，緣諸境界，念念不停，諸心數法相續而起，所念相異，亦復非一，是名初禪初證之相。

次明中證相。行者住此定內，三昧漸深，覺息後五臟內生息相各異，所謂青、黃、赤、白、黑等，隨臟色別，出至毛孔。若從根入，色相亦不同。如是分別，氣相非一。復見此身薄皮、厚皮膜肉各有九十九重，大骨、小骨三百六十，及髓各有九十八重。於此骨肉之間有諸蟲，四頭、四口、九十九尾，如是形相非一，乃至出入、來去、音聲、言語亦悉覺知。唯腦有四分，分有十四重。身內五臟，葉葉相覆，猶如蓮華，孔竅空疏，內外相通，亦各有九十九重。諸物之間亦各有八十戶蟲，於內住止，互相使役。若行者心靜細時，亦於定內聞諸蟲語言音聲，或時因此發解眾生言語三昧。身內諸脈，心脈為主，復從心脈內生四大之脈（一大各十脈，十脈之內一一復各九脈，合成四百脈）。從頭至足，四百四脈內悉有風氣血流相注，此脈血之內亦有諸細微之蟲，依脈而住。行者如是知身內外不實，猶如芭蕉。復觀心數，隨所緣時，悉有受、想、行、識，四心差別不同。

三、明後證之相。行者三昧智慧轉深淨明利，復見氣息調和，同為一相，如瑠璃器，非青、黃、赤、白，亦見息之出入無常生滅，悉皆空寂。復見身相，新新無常代謝。所以者何？飲食是外四大，入腹資身時，新四大既生，當知故身隨滅。譬如草木，新葉既生，故葉便落，身亦如是。愚夫不了謂是惜身，智者於三昧內，覺此身相，無常所遷，新新生滅，空無自性，色不可得。復各一念心生之時，即有六十剎那生滅。或有人言六百剎那。生滅迅速，空無自性，心不可得。

第二、明釋成覺觀五支之相，即為五：第一、釋覺支。經說覺支云：覺、大覺，思惟、大思惟，大思惟觀於心性。約此五句以明覺相。今先釋覺、大覺二句，此約世間、出世間境界分別，故有此二覺之異。世間境即是異相，出世間境即是如相。此之如異，即是真俗二諦之別名也。今約觀門淺深易見。今當具依《摩訶衍》分別。論云：有三種上中下，如異既有三種，覺、大覺亦應為三也。論意分別假名為異。分別四大實法同體，名為下如。分別地大，異餘三大，名為異；同一無常生滅不異，名次如。無常生滅，名為異；生滅即空無異，名上如。今即約禪為下、中、上品，明觀門淺深之相。

第一、先明下品覺相。覺氣息入出，青、黃、赤、白諸色隔別，名為覺；覺此諸息同一風大無異，名大覺。次覺三十六物隔別，名為覺；覺餘三大無有別異，名大覺。覺於心數非一，名為覺；同是四心無異，名大覺。

第二、明中品覺者，息是風大，名為覺；覺息生滅無常，名大覺。覺餘三大各別，名為覺；覺同一無常生滅不異，名大覺。覺四心差別不同，名為覺；覺無常生滅不異，名大覺。

第三、明上品覺者，覺息無常為異者，此息為八相所遷，故無常。何等為八相？一、生，二、住，三、異，四、滅，五、生生，六、住住，七、異異，八、滅滅。此八種相遷，法體別異非一，名為覺；覺息本空寂，無八相之異，名大覺。覺餘三大各有八相別異，名為覺；覺餘三大本來空寂，無八相之異，名大覺。覺心八相所遷，別異非一，名為覺；覺心本來空寂，無八相之異，名大覺。所以者何？若心即是八相，八相即是心者，則壞有餘相。所以者何？今息色亦即是八相，八相亦即是息色，八相無異故，息、色、心三事亦應無異。若爾，說心時，即應是說息、色。今實不爾，壞亂世諦相故，如人喚火，應得水來。說心一向即是息、色，過同於此。

復次，若離心有八相，離八相有心者，此則心非八相，八相非心；若心非八相，則心但有名無相，無相之法，是不名心。若八相離心，八相則無所遷，即不名八相，八相無所相故。如是審諦求之，則心與八相本自不有，亦不依他有性，性如虛空，無一異相，故名大覺。覺前息、色，一一亦當如是分別。此則略說上品覺、大覺之相。

次，釋思惟、大思惟二句。此還約前覺、大覺說。所以者何？初心覺悟真俗之相，名覺、大覺；後心重慮觀察，名思惟、大思惟。對小覺後說思惟，大覺後說大思惟，此義易見，不煩多釋。

次，釋觀於心性者，即是返觀能思惟、大思惟之心也。所以者何？行者雖能了於前境，而不能返達觀心，則不會實道。今即返照能觀之心，為從觀心生？為從非觀心生？若從觀心生，若從非觀心生，二俱有過，當知觀心畢竟空寂。五句釋覺支竟。

第二、次釋觀支。經云：若觀心行、大行、遍行、隨意。觀心者，即是前觀於心性也。行、大行者，聲聞之人以四諦為大行，當觀心時，即具四諦正觀。所以者何？若人不了心故，無明不了，造諸結業，名為集諦。集諦因緣，必招未來名色苦果，是名苦諦。若觀心性，即是具足戒、定、智慧，行三十七品故，名道諦。若有正道，則現在煩惱不生，未來苦果亦滅，名為滅諦。是名聲聞大行。若緣覺人，以十二因緣為大行。若是菩薩，即入無生正道正觀，證於寂定瑠璃三昧，毛孔見佛，入菩薩位也。則略明三乘大行之道相也。

遍行者，觀行未利，亦並約心而觀四諦，名為大行。今觀道稍利，能遍歷諸緣，觀於四諦，出十六行觀，故名遍行。

隨意者，若是遍行，雖在定內，得見諸緣，出禪定時，則觀不相應。今隨意者，隨出入定，觀一切法，任運自成，不由作意，是名隨意。此則略釋觀支相也。

第三、明喜支。喜支者，經言：如真實知、大知，心動至心，是名為喜。如真實知者，即是上來觀於心性四諦真理也。大知者，如上觀行。若心審諦，停住緣內，稱觀而知，故言如真實知。若豁然開悟，稱理而知，心生法喜，故名大知。心動至心者，既得法喜心動，若隨此喜，則為顛倒。今了此喜無，即得喜性。即得喜性，故名至心，是名為喜。

第四、次明安支。安支者，經言：若身安、心安、受安，受於樂觸，是名為安。身安者，了達身性故，不為身業所動，即得身安，故名身安。心安者，了達心性故，不為心業所動，即得心樂，故名心安。受安者，能觀之心，名之為受，知受非受，斷諸受故，名之為樂，故名受安。受於樂觸者，世間、出世間二種樂法成就，樂法對心，故受於樂。

第五、次明定支者。經言：若心住、大住，不亂於緣，不謬，無有顛倒，是名為定。心住者，住世間定法，持心不散，故名住。大住者，住真如定法，持心不散故。不亂於緣者，雖住一心，而分別世間之相不亂也。不謬者，謬名妄謬，諦了真如，妄取不起，故言不謬。不顛倒者，若心偏取世間相，即隨有見沉沒生死，不得解脫。若心偏取如相，即隨空見，破世間因果，不修善法，是大可畏處。行者善達真俗，離此二種邪命，名不顛倒。

復次，若二乘之人得此心破四倒，名不顛倒。若是菩薩得此一心，能破八倒，名不顛倒。

行者初得覺支成就，即覺身息不實猶如芭蕉。今得住此一心，定支成就。心既寂靜，於後泯然微細，即覺身息之相不實，猶如聚沫。是則略明下根行者證通明初禪之相。

第二、次釋約義世間明中次根行者，進證初禪五支之相，即為二：一者、正明義世間相，二者、即釋成覺義。就第一釋義世間為二意：一、明外義世間，二、明內義世間。今釋外義世間，復為三意：一、正明根本世間因緣，二、明根本與外世間相關，三、明王道治正。

第一、釋覺知根本世間因緣生義。行者初得初禪，既已證見根本世間，爾時或見道，或未見道。今欲深知此根本世間，一期果報因何而生？爾時於三昧內，心慧明利，諦觀身內三十六物，四大、五陰，以願知心，願知此身何因緣有？三昧、智慧、福德、善根力故，即便覺知如是身命，皆由先世五戒業力持於中陰，不斷不滅，於父母交會之時，業力變識，即計父母身分，精血二渧，大如豆子，以為己有，識托其間，爾時即有身根、命根，識心具足。

識在其間，具有五識之性，七日一變，如薄酪凝酥，於後漸大，如雞子黃，業力因緣變此一身。內先為者五臟，安置五識，爾時即知：不殺戒力變此身內，次為肝臟，則魂依之。不盜戒力，變此身內以為腎臟，則志依之。不婬戒力，變此身內為肺臟，則魄依之。不妄語戒力，變此身內，以為脾臟，則意依之。不飲酒戒力，即變身內以為心臟，則神依之。此魂、志、魄、意、神五神，即是五識之異名也。

五臟宮室既成，則神識則有所栖，既有栖託，便須資養。五戒業力復變身內以為六府，神氣府養五臟及與一身。府者，膽為肝府，盛水為氣合潤於肝。小腸為心府，心赤，小腸亦赤，心為血氣，小腸亦通血氣，主潤於心，入一身故。大腸為肺府，肺白，大腸亦白，主殺物益肺，成化一身。胃為脾府，胃黃，脾亦黃，胃亦動作，黃間通理脾臟，氣入四支。膀胱為腎府，腎府黑，膀胱亦黑，通濕氣潤腎，利小行腸故。

三焦合為一府分，各有所主，上焦主通津液清溫之氣，中焦主通血脈精神之氣，下焦主通大便之物。三焦主利上下，五臟之神，分治六府。六府之氣，以成五官之神，主治一身義。府臟相資，出生七體。腎生二體：一、骨，二、髓。腎屬於水，以水內有砂石故，即骨之義也。肝生二體：一、筋，二、腸。肝為木，木為地筋，故生筋、腸也。心生血脈，心色赤屬血，以通神氣，其道自然。脾生肌膚，脾為土，肌膚亦土。肺生於皮，肺在眾臟之上，故皮亦是一身之上。是為五臟能生七體，亦名七支。

肺為大夫，在上下捨不義。肝為尉仁，心在中央稟種類。脾在其間平五味。腎在下，衝四氣，增長七體成身。骨以柱之，髓以膏之，筋以縫之，脈以通之，血以潤之，肉以裹之，皮以覆之，以是因緣，則有頭、身、手、足大分之軀，餘骨為齒，餘肉為舌，餘筋為爪，餘血為髮，餘皮為耳。識神在內，戒力因緣，則五胞開張，四大造色清淨，變為五情，是以對塵則依情，以識知五色因緣，則生意識，塵謝則識歸五臟。一期果報，四大、五陰、十二入、十八界具足成就。此則略說一期果報，根本世間義所因由。

問曰：若言識從內出，在五根間，識別五塵，與外道義有何異耶？

答曰：如《淨名經》說：不捨八邪而入八正，亦云：六十二見是如來種。此言何謂？如是等義皆出《提謂經》明，非人所作。若於此義不了，在下自當可見。

第二、釋內世間與外國土義相關相。行者三昧、智慧、願智之力，諦觀身時，即知此身具仿天地一切法俗之事。所以者何？如此身相，頭圓象天，足方法地，內有空種，即是虛空。腹溫暖法春夏，背剛強法秋冬，四季體法四時，大節十二，法十二月，小節三百六十，法三百六十日，鼻口出氣息，法山澤谿谷中之風氣，眼目法日月，眼開閉，法晝夜，髮法星辰，眉為北斗，脈為江河，骨為玉石，皮肉為地土，毛法叢林。

五臟在內，在天法五星，在地法五岳，在陰陽法五行，在世間法五諦。內為五神，修為五德，使者為八卦，治罪為五刑，主領為五官，昇為五雲，化為五龍。心為朱雀，腎為玄武，肝為青龍，肺為白虎，脾為勾陳，此五種眾生，則攝一切世間禽獸悉在其內。亦為五姓，謂宮、商、角、徵、羽，一切萬姓並在其內。對書典，則為五經，一切書史並從此出。若對工巧，即是五明、六藝，一切技術悉出其間。當知此身雖小，義與天地相關。如是說身，非但直是五陰世間，亦是國土世間。

第三、釋身內王法治正義。行者於三昧內，願智之力，即復覺知身內，心為大王，上義下仁，故居在百重之內，出則有前後左右官屬侍衛。肺為司馬，肝為司徒，脾為司空，腎為大海，中有神龜，呼吸元氣，行風致雨，通氣四支。四支為民子，左為司命，右為司錄，主錄人命。齊中太一君亦人之主，柱天大將軍，特進君王，主身內萬二千大神。太一有八使者，八卦是也。合為九卿，三焦關元為左社右稷，主姦賊；上焦通氣，入頭中為宗廟，王者於間治化。若心行正法，群下皆隨，則治正清夷。故五臟調和，六府通適，四大安樂，無諸疾惱，終保年壽。若心行非法，則群僚作亂，互相殘害，故四大不調，諸根暗塞，因此抱患致終，皆由行心惡法故。經言：失魂即亂，失魄則狂，失意則惑，失志則忘，失神則死。當知外立王道治化，皆身內之法。如是等義具如《提謂經》說。

第二、明內義世間相關者，上來所說，並與外義相關。所以者何？佛未出時，諸神仙世智等亦達此法，名義相對，故說前為外世間義也。是諸神仙雖復世智辯聰，能通達世間。若住此分別，終是心行理外，未見真實，於佛法不名聖人，猶是凡夫，輪迴三界二十五有，未出生死。若化眾生，名為舊醫，亦名世醫。故《涅槃經》云：世醫所療治，差已還復發。若是如來療治者，差已不復發。此如下說。

今言內義世間者，即是如來出世，廣說一切教門、名義之相，以化眾生。行者於定心內，意欲得知佛法教門主對之相，三昧、智慧、善根力故，即便覺知。云何知？如佛說五戒義為對五臟，已如前說若四大、五陰、十二入、十八界、四諦、十二因緣悉人身內也。即知四大此義為對五臟：風對肝，火對心，水對腎，地對肺脾。

若聞五陰之名，尋即覺知對身五臟：色對肝，識對脾，想對心，受對腎，行對肺。名雖不次，而義相關。若聞十二入、十八界，亦復即知對內五臟。十入、十五界，義自可見。二入、三界，今當分別五識，悉為意入界，外五塵、內法塵，以為法入界，此即二十三界相關。

意識界者，初生五識為根，對外法塵，即生意識，名意識界。若聞五根，亦知對內五臟：憂根對肝，苦根對心，喜根對肺，樂根對腎，捨根對脾。五根因緣則具有三界。所以者何？憂根對欲界，苦根對初禪，喜根對二禪，樂根對三禪，捨根對四禪乃至四空定，皆名捨俱禪。當知三界亦為五臟，其義相關。

聞說四生，亦覺知此，義關五臟。所以者何？欲界具五根，五根關五臟，五臟關四大，四大對四生，一切卵生多是風大性，身能輕舉故；一切濕生多是水大性，因濕而生故；一切胎生多屬地大性，其身重鈍故；一切化生多屬火大性，火體無而忽有故，亦有光明故。如來為化三界四生，故說四諦、十二因緣、六波羅蜜。當知此三法藥神丹，悉是對治眾生五臟、五根陰故說。所以者何？如佛說一心四諦義，當知集諦對肝，因屬初生故；苦諦對心，果是成就故；道諦對肺，金能斷截故；滅諦對腎，冬藏之法已有還無故；一心已對脾，開通四諦故。乃至十二因緣、六波羅蜜，類此可知也。此三種法藏，則廣攝如來一切教門，是故行者若心明利，諦觀身相，即便覺了一切佛法名義，故《華嚴經》言：明了此身者，即是達一切。是則說內義、世間義相關之相，意在幽微，非悟勿述。

第二、次釋成覺五支義者，亦為三義：一、下，二、次，三、上。今先釋覺支三義：

一、下覺、大覺者，行者於靜心內悉覺上來所說內外二種世間之相，分別名義不同，即是隔別之相，故名覺義世。覺義世間，故名覺。大覺者，覺一切外名義雖別而無實體，但依五臟，如因肝說不殺戒、歲星、太山、青帝、木魂、眼識、仁毛、詩角、性震等諸法，此諸法不異肝，肝義不異不殺戒等，即是如，故名大覺。覺餘一切法如四臟亦如是。

二、次明覺、大覺者，行者覺知肝雖如不殺戒等一切法，而肝非肺、脾、心、腎等一切法，了知別異，名為覺。覺肝等諸法無常生滅，不異四臟等，諸法無常，名大覺。

三、次明上覺、大覺者，行者覺知肝等諸法八相別異，名為覺。覺此肝等諸法本來空寂，無有異相，名大覺。如此分別覺、大覺，及世間、出世間相，雖與前同，而亦有異，深思自當可見。

次釋思惟、大思惟者，觀於心性之義，類如前說。是則略明約義世諦中辯初禪覺支之相，餘觀、喜、安、定等，亦當如是一一分別。

第三、釋事世間者，此據得初禪時獲六神通，見世諦事，了了分明，如觀掌內菴摩勒果。此則現睹眾事，不同上說。以義比類，惟忖分別世事也。

今就明事世間內，亦為二意：第一、正見事世間相，第二、釋成覺觀五支義。今釋第一事世諦相者，上根行人福德智慧利故，證初禪時，有二因緣得五神通：一者、自發，二者、修得。

一、自發者，是人入初禪時，深觀根本世間三事，即能通達義世間相。覺義世諦時，三昧智慧轉更深利，神通即發。更得色界四大，清淨造色眼成就。以此淨色之心眼徹見十方一切之色，事相分明，分別不亂，名天眼通。所餘天耳、他心、宿命、身通，亦復如是。得五通故，明見十方三世色心，境界差別不同，眾生種類、國土相貌一一有異，是為異見事世間也。故經言：深修禪定，得五神通。

第二、修得，五通見事世間者，如《大集經》言：法行比丘獲得初禪，入禪已，欲得身通，繫心鼻端，觀息入出，深見九萬九千毛孔息之出入，見身悉空，乃至四大亦復如是。如是觀已，遠離色相，獲得身通，乃至四禪亦復如是。云何法行比丘獲得眼通？若有比丘得初禪，觀息出入，真實見色。既見色已，作是思惟：如我所見三世諸色，意欲得見，隨意即見。乃至四禪亦復如是。云何法行比丘得天耳通？憍陳如！若有比丘得初禪，觀息出入，次第觀聲，乃至四禪亦復如是。云何法行比丘得他心智通？若有比丘觀息出入，得初禪時，修奢摩他、毗婆舍那，是名他心智，乃至四禪亦復如是。云何法行比丘得宿命智？憍陳如！若有比丘觀出入息，得初禪時，即獲眼通。獲眼通已，觀於初有歌羅邏時，乃至五陰生滅，乃至四禪亦復如是。既得五通，即能見十方三世、九道聖凡眾生種類、國土，所有一一相貌差別不同，是名修得神通。見事世間通達無閡。

第二、次釋成覺觀五支義。今先釋覺，亦為三義：一、下，二、中，三、上。下覺、大覺者，用天眼通徹見諸色，分別眾生種類非一，國土所有差別不同，名字亦異，故名為覺也。大覺者，即覺世間所有，但假施設，諦觀四大，即不見有世間差別之異，了了分明，故名大覺。餘四通亦爾。

第二、明次品覺、大覺者，用天眼通見四大色，即知其性各異，故名為覺。知四大無常生滅，性無差別，故名大覺。餘四通亦爾。

第三、明上品覺、大覺者，用天眼通明見無常之法，八相有異，是名為覺。覺知八相之法本來空寂，一相無相，故名大覺。餘四通亦爾。此則略說用五神通見事世間覺、大覺相。思惟、大思惟，觀於心性，成就覺支之相，類如前說，餘觀支、喜、安、定等，亦當如是一一分別。行者當知，若聲聞、緣覺得此禪故，依定獲得不壞解脫、無礙解脫、三明、六通，故名通明觀。若菩薩大士住此禪時，即得無礙大陀羅尼，乃至四禪亦復如是。

次明二禪。自此已下，乃至非想滅定禪門，轉復深妙，事相非一，寧可具辯？今但別出經文，略釋正意而已。所言二禪者，經云：二禪者，亦名為離，亦名為具。離者，同離五蓋；具者，具足三支，謂喜、安、定。

釋曰：行者於初禪後，心患初禪覺觀動散，攝心在定，不受覺觀，亦知上地不實，諦觀息、色、心三性，一心緣內，覺觀即滅，則發內淨大喜三昧，於定內見身如泡，具二禪行。

次明三禪，經云：三禪者，亦名為離，亦名為具。離者，同離五蓋；具者，具足五支，謂念、捨、慧、安、定。

釋曰：行者於二禪後，心患厭大喜動散，攝心不受，亦知上地不實，攝心諦觀，喜法即謝，發身樂，即於定內見身如雲，成三禪行。

次明四禪相，經云：四禪者，亦名為離，亦名為具。離者，謂同離五蓋；具者，具足四支，謂念、捨、不苦不樂、定。

釋曰：行者於三禪後，心厭患樂法，一心不受，亦知四禪非實，諦觀三性，即豁然明淨，三昧智慧與捨俱發，心不依善，亦不附惡，正住其中，即於定內見身如影，具四禪行。

次明空處，經言：觀身厭患，遠離身相，一切身觸、喜觸、樂觸，分別色相，遠離色陰，一心觀無量空處，是名比丘得空處定。

釋曰：此可為二義：一者、通觀上下，二者、但約自地及以上。通上下者，經觀身厭患，遠離身相者，深知欲界之身，過罪非一，身分皆不可得也。身等三觸，對初禪、二禪、三禪對可見。分別色相者，分別欲界色身，乃至四禪色，一一別異不實，亦知空處未離色法也。遠離色陰及觀無量空處者，並如前根本禪內，滅三種色法，與虛空相應也。

二、並約自地釋者，觀身厭患，遠離身相者，厭患如影之色覆蔽於心，觀此影色亦不可得也。身等三觸者，別喜根前已壞，此是四禪色起觸，心生三觸也。分別色相者，分別四禪喜樂及如影之色皆虛誑也。遠離色陰及觀無量空處，不異前說。

次明識處定相者，經言：若有比丘修奢摩他、毗婆舍那，觀心意識，自知此身不受三受，以得遠離是三種受，是名比丘得識處定。

釋曰：心意識者，心者，即是捨空定，緣三性入識處定。行者用三昧攝智慧，雖知三性不實，為免空難，一心緣識，即入識處定也。自知此身不受三受者，緣色四句，空處雖離初句，而猶受後三句。今識處緣識入定，則迴離色界四句，所有四受悉屬於識，故云自知此身不受三受，亦得言不受苦樂等三受也。已得遠離是三種受，名識處定相。

次明少識處定相者，經言：若有比丘觀三世空，知一切行亦生亦滅，空處、識處亦生亦滅。作是觀已，次第觀識，我今此識亦非識非非識。若非識者，是名寂靜，我今云何求斷此識？是名得少識處定。

釋曰：觀三世空，一切諸行亦生亦滅者，深觀自地及上下心數悉是有為之相，虛誑不實。次第觀識者，是觀識處亦識。非識非非識者，即通知所有法不可得也。若非識者，是名寂靜，我今云何求斷此識者，即是念滅識之方便，緣非識之法，入少識處定也。

次明非想定者，經言：若有比丘有非心想，作是思惟：我今此想是苦是漏，是瘡是癰，是不寂靜。若我能斷如是非想及非非想，是名寂靜。若有比丘能斷如是非想非非想者，是名獲得無想解脫門。何以故？法行比丘作是思惟：若有受想，若有識想，若有觸想，若有空想，若非想非非想，是等皆名粗想。我今若修無想三昧，期能永斷如是等想，是故見於非想非非想，為寂靜處。如是見已，入非非想定已，不受不著，即破無明；破無明已，名獲阿羅漢果。

釋曰：有非心想者，即無想定也。是苦是漏等，即是觀無想定過罪也。若我能斷如是非想及非非想，是名寂靜。非想者，即是無想定也。及非非想者，已逆見上地之過，應斷除。是寂靜者，破非想定，故獲涅槃之寂靜也。

若有比丘能斷如是非想，獲得無想解脫門者，一切三界之定，皆名為想。今斷此想，獲得無想三昧，即能於非想定破無明，發無漏，得阿羅漢果，證涅槃也。法行比丘若有受想已下，即是重釋出上意，義可見也。

又經言：前三種定，二道所斷；後第四定，終不可以世俗道斷。凡夫於非想處雖離粗煩惱，而亦具有十種細法。以其無粗煩惱故，一切凡夫謂是涅槃。廣說如經。

釋曰：此明凡夫等智於非想不能發無漏也。

次經云：憍陳如！若比丘修習聖道，厭離四禪、四空處，觀於滅莊嚴之道者。

釋曰：此明通觀，於想後得入滅盡也。此義，下背捨中當具說。

行者入此法門，不取實際作證，具足大悲方便，一切佛法起六神通，度脫眾生，即是約一種法門，明《摩訶衍》也。

禪觀寶海3

通明禪禪觀—迅速證得六種神通與三種明達智慧的方法

作　　者　洪啟嵩
封面畫作　洪啟嵩
發 行 人　龔玲慧
主　　編　彭婉甄
執行編輯　唐玉佩、莊涵甄
封面設計　張育甄
出　　版　全佛文化事業有限公司
訂購專線：(02)2913-2199　傳真專線：(02)2913-3693
發行專線：(02)2219-0898
匯款帳號：3199717004240 合作金庫銀行大坪林分行
戶　　名：全佛文化事業有限公司
E-mail:buddhall@ms7.hinet.net
http://www.buddhall.com
門　　市　心學堂・新北市新店區民權路108之3號10樓
門市專線：(02)2219-8189
行銷代理　紅螞蟻圖書有限公司
台北市內湖區舊宗路二段121巷19號（紅螞蟻資訊大樓）
電話：(02)2795-3656　傳真：(02)2795-4100
二版一刷　二〇一九年一月
定　　價　新台幣二九〇元
ISBN 978-986-96138-6-6（平裝）

通明禪禪觀：迅速證得六種神通與三種明達智慧的方法 / 洪啟嵩作. -- 二版. -- 新北市 : 全佛文化, 2019.01
面； 公分. -- (禪觀寶海 ; 3)
ISBN 978-986-96138-6-6(平裝)
1.修證論
220.126 108001051

BuddhAll

BuddhAll.

All is Buddha.

BuddhAll